MI VIDA, UN HOMBRE DEL SUR.
UN CAMINO QUE LLEVA A LA LIBERTAD

AUTOR:

JUANJOSE MARTINEZ PONCE

©Mi vida, un hombre del sur. Un camino que lleva a la libertad
©JuanJose Martinez Ponce
ISBN papel 978-84-686-1088-7
Impreso en España
Editado por Bubok Publishing S.L.

Registro Copyright France 2012

Agradecimientos

Quiero agradecer por haber escrito este libro primero a mi Dios porque me dio la vida y permitió que conociera a Perla, la persona que me ayudó a sacar lo mejor de mí, la que me quitó las cadenas que los hombres se ponen ellos mismos, la que me enseñó a mirar las cosas desde otro punto de vista, la que me hizo un hombre libre y me enseño a buscar la felicidad........

También quiero agradecérselo a todas aquellas personas que cruzaron y que cruzarán mi camino, porque de ellas siempre aprenderé algo más de la vida.

A mis hijos por haberme enseñado lo que es de ser padre y ser tan maravillosos.........

A mis familiares porqué me ayudaron a crecer, creyeron en mí y me dieron todo el amor que necesitaba.

Indice:

Título y autor……………………………………………...……página 3

Agradecimientos…………………………………………..……página 5

Prólogo………………………………………….……………...página 9

Introducción……………………………………………...……página 11

Mi vida, un hombre del sur. Un camino que lle a la libertad…… 13

Reflexiones…………………………………………….……página 284

Miedos………………………………………………….……página 286

Dios está en todas partes………………………………...……página 289

Epílogo……………………………………………….………página 290

Prólogo

Este libro está dirigido a todas las personas que buscan algunas respuestas o simplemente a aquellos que les gusta la lectura. No se trata de dar lecciones de moral a nadie. Es una historia real y todo lo que se encuentra en él sucedió.

Es un libro de la vida, de la enseñanza que ella nos aporta: el dolor, el sufrimiento, la humillación, la traición, la mentira, el miedo, pero también y sobre todo, el amor, la solidaridad, la sinceridad, la amistad, la fe, la esperanza.

Para mí fue una resurrección porque cuando pensé que todo estaba perdido y que mi muerte estaba próxima, llegó nuevamente el amor de salvación, un amor que todo ser debe pretender.

Es un libro de verdad, en el cual aprendemos que todo es posible, incluso cuando pensamos que todo está terminado y no hay nada que hacer.

No es necesario creer en Dios como yo lo hago para leerlo, simplemente cuento los sucesos de una vida y como se encadenaron, y encontramos con el tiempo que hay algo que lo liga todo.

Las cosas no pasan por azar, todo tiene un significado y un orden.

Cuando rompemos ese orden provocamos una respuesta que

puede ser positiva o negativa.

Pensemos que el primer principio que debemos aplicar es amarnos tal y como somos. Cuando nos amamos podemos amar a los otros y cuando amamos a los otros, los respetamos.

El amor de una pareja no puede funcionar sin el respeto porque tarde o temprano saturamos y cansamos al otro.

Cada individuo nació libre y debe crecer con su individualismo, debemos siempre estar en busca de la felicidad pero ella no se encuentra en lo material, sino en nuestro corazón.

Cuando pensamos en gente conocida que lo tiene todo pero a pesar de ello se droga, se alcoholiza o se suicida, debemos deducir que no encontraron la felicidad donde la buscaron.

La felicidad es una semilla que se encuentra en nuestro interior y para que germine solo podemos hacerlo practicando el amor.

El amor es signo de solidaridad, de fraternidad, de generosidad, de paz, de perdón, de vida.

La vida es amor y el amor es vida, cuando la alcanzamos nos llena y todo el resto no importa porque tendremos la paz del espíritu y de la mente, la felicidad llena nuestra alma.

Espero que mi experiencia en lo vivido aporte y ayude a tomar siempre las buenas decisiones a todas aquellas personas que lo necesiten, que les permita respetar al otro como ser libre, que les enseñe a amar en libertad, que sepan ser felices y buscar siempre la felicidad, que las parejas sepan amarse para durar toda la vida.

Yo creo en Dios no porque solamente me lo enseñaron, sino porque mi Padre Celestial me demostró todo a lo largo de mi vida que estaba presente en mí y nunca me abandonó en los momentos difíciles.

Ahora yo me amo, he abierto mi espíritu, amo al mundo.

Quiero disfrutar cada segundo de mi existencia, cada respiración, cada rayo de sol, el agua que bebo, los alimentos que nutren todas mis células, los animales, las plantas, de todo aquello que la vida me ofrece porque cada cosa es un milagro inexplicable y que solo lo explica la existencia de un ser todo poderoso.

En la vida solo podemos tener una certitud, la muerte, y es por eso que quiero aprovecharme del milagro de la vida siendo feliz por el resto de mi existencia.

Introducción

La vida es un camino lleno de obstáculos, de trampas, de errores, pero con ellas nos instruimos para mejorar y no volver a tropezar. Aprendemos a ser hijos, hermanos, amigos, padres, vecinos, pero no debemos equivocarnos porque a cada decisión buena o mala, la vida se encarga de devolverlo en bien o en mal. Es cierto que a veces escapamos a la regla pero es solo para que distingamos y sepamos mejor apreciar la suerte que la vida nos ofrece, para que veamos que todo es posible y que nos da oportunidades de tomar las buenas decisiones.

¿Qué buscamos?, ¿Qué queremos?, ¿Quiénes somos?, ¿Porqué existimos?.

Son muchas las preguntas que podemos hacernos y las respuestas que buscamos,¡como también son tantas las dudas!. Es por eso que el hombre debe hacer elecciones y eso hace de nosotros un ser especial comparado al resto de la creación. No sabemos qué camino tomar a veces y nos dejamos influenciar por cosas superficiales, nuestras decisiones afectan siempre a las personas más cercanas a nosotros y pueden afectar su destino. **Estamos ligados los unos a los otros, es una regla universal pues nos necesitamos mutuamente para avanzar, para crear, para existir.**

¿Pero qué es lo que hace que todo el universo y todo lo que existe en él, esté ligado?.

Algunos dirán es la ciencia que lo explica todo, y otros como yo dirán es la fe en Dios, un ser todopoderoso.

En mi vida de los casi primeros cincuenta años de este libro me dieron certitudes, me crearon dudas y tuve que hacer elecciones.

Es un libro de poesía, de amor, de esperanza, de felicidad y de paz encontrada.

"Mi vida, un hombre del sur,

un camino que lleva a la libertad"

Nací un viernes a las cinco de la mañana en un chalet al borde del mar mediterráneo en el Grau de Gandía, región de Valencia, España.

La luz del amanecer no había todavía ganado la oscuridad de la noche cuando lancé mi primer grito de lloro, de vida.

El soplo de Dios entró en mí, al mismo tiempo que un camino casi trazado por una energía universal que el hombre todavía no ha comprendido, tal vez un destino.

Los olores del mar y de las palmeras, que se alargaban sobre toda la longitud de la playa de arena fina, estaban presentes. Era un veintitrés de noviembre de mil novecientos sesenta y dos, signo del zodiaco: sagitario.

Mis padres nacieron en un pequeño pueblecito llamado Ledaña en la provincia de Cuenca, un pueblo de agricultores.

Mi familia era muy humilde. De niños trabajaban en el campo, desde que amanecía hasta el anochecer, eran días de trabajo interminables.

Habían conocido el hambre a causa de la guerra civil española. Mi padre venía de una familia de ocho hermanos, en los cuales yo solo conocí dos tías y tres hermanos, los otros los vi esporádicamente y los traté muy poco.

Mi madre salió de una familia de cinco hermanos, dos varones y tres mujeres.

Nunca conocí mis abuelos maternos, solo los vi en foto, pero un tío mío llamado Mauricio, marido de MaríaJosé, una hermana de mi madre, me regaló un garrote espada que había fabricado mi abuelo llamado JhonDavid. Ese objeto hacía años que lo quería poseer porque para mí era muy valioso, el único recuerdo que podía tener de él, puesto que lo habían tocado sus manos y la energía suya estaba presente.

Yo no sé porque siempre me he identificado a mi abuelo a pesar de que nunca lo conocí, pero en lo más profundo de mi ser siento un cierto orgullo de ser su nieto, tal vez su reencarnación.

Resiento que fue una gran persona, todo un señor, con un gran carisma que yo creo haber heredado.

Mi madre me habló de él y me contó algunas anécdotas. Me decía que fue un hombre de una cierta cultura puesto que sabía leer y escribir y en aquella época era moneda rara. Medía un metro noventa y cinco, muy alto para un español de esos momentos. Un hombre muy valiente que no temía a nada y además era todo un caballero, de hecho en el pueblo todos le dieron el sobre nombre de "largo caballero".

Me contó que una vez, un vecino le vino a prevenir que le estaban robando los melones unos gitanos, cogió su garrote y se fue a toda prisa.

Cuando llegó a sus campos se plantó delante de ellos y les dijo de irse. Los gitanos viendo que estaba solo le dijeron que se largara. Mi abuelo desenvainó su espada y les dijo: " o os vais o aquí os mato".

Viendo su determinación y sin esperar que ese garrote fuera una espada, le temieron y se fueron con el rabo entre las piernas.

Mi madre me dijo que durante la guerra salvó la vida a Francisco Franco, el que sería el caudillo, pues lo sacó herido sobre sus hombros de una batalla.

Más tarde, después de la guerra, fue arrestado y encarcelado por la Guardia civil, acusado de comunista por llevar las cuentas a unos comerciantes de filosofía opuesta al régimen para ser fusilado.

No sé de qué manera llegaron a informar a Franco pero este lo hizo liberar.

No puedo certificar que esta historia sea cierta porque nunca pude verificarla, pero en todo caso, parece una anécdota interesante.

Me contó también que el día que falleció pasó algo muy raro. Encontrándose en su cama moribundo pronunció unas palabras extrañas.

Mi madre estaba acostada a su lado, la familia y los amigos se encontraban en la casa, cerró sus ojos y el médico se acercó a él, lo examinó y dijo: " a fallecido".

Todos se pusieron a llorar y al cabo de unos minutos, abrió los ojos, giró su cabeza hacía mi madre y le hizo una sonrisa, luego miró a todos los presentes y pronunció las siguientes palabras:

"no sabéis todo lo que hay que sufrir para poder entregar su alma a Dios ". Dicho esto, cerró de nuevo los ojos y murió.

Fue un hombre honrado, trabajador y justo, de hecho todas las personas que me hablaron de él, iban en ese sentido.

Conocí a mis abuelos paternos, mi abuelo trabajaba en el campo y una vez me fui en su carro con mulas a sus tierras.

Mi abuela hablaba mucho y a veces me daba a consumir una bebida que tenían costumbre de tomar la gente, era vino con azúcar, la verdad que lo encontraba delicioso.

Mi madre desde muy pequeño me decía: " has nacido con una buena estrella y te casarás con una mujer extranjera", pero lo que no sabía era que esa buena estrella empezó el día de un hecho dramático en la familia.

Mis padres se fueron de Ledaña para encontrar trabajo en la provincia de Valencia pues su hermano le dijo que pagaban muy bien en el encofrado.

Se instalaron con ellos en el chalet " la arenera" en Gandía donde yo nacería.

Yo tenía un hermano mayor que se llamaba como mi padre pues era la tradición a la época de que el primer varón nacido llevara su nombre.

Él tenía cinco años y medio más que yo y a los tres meses de mi nacimiento se mudaron a Cullera, siempre en el borde del mar, a veintisiete kilómetros. El número veintisiete será muy importante para mí más tarde.

Mis padres y mis tíos compartían un apartamento en un tercer piso.

A la edad de tres o cuatro años, mi madre y mi tía Augusta salieron de compras y me dejaron solo con mi hermanita Mery, un bebé de tres meses.

Mery se encontraba en su cuna y durante la ausencia de ellas se produjo un hecho que me marcaría por el resto de mi vida y hasta lo más profundo de mi alma, un hecho que afirmará y construirá las cimentaciones de mi creencia en Dios.

La ventana, donde se encontraba mi hermanita, estaba abierta en grande, hacía calor, y la persiana también estaba enrollada hasta arriba. La cuna se encontraba ahí, delante de mí, yo la miraba fijamente y de repente, algo salió de su cuerpo, su alma y se dirigió hacía la apertura. Se presentó a mí como un ángel de la talla de un adulto, con enormes alas blancas, un cabello rubio blanquecino y vestido con una especie de velo blanco transparente. Una vez delante de la ventana giró su cabeza hacía mí y me hizo una sonrisa, yo no tuve miedo, se volvió a retornar **y se fue volando como un pájaro que sale de su jaula para encontrar al fin la libertad.**

Me fui corriendo para ver si todavía estaba ahí, pero había desaparecido e inmediatamente después ellas entraban por la puerta, me dirigí hacía mi madre y le dije: " ¡Mamá!¡ Mamá!, ¡mi hermanita Mery se ha ido volando por la ventana!. Se precipitó hacia la habitación y se puso a llorar, lanzando gritos de desesperación, estaba muerta.

Es el único recuerdo que tengo de Mery y una foto estando fallecida en su cuna, pero que felicidad de haber visto eso, este hecho me había abierto los ojos, había otra vida después de la muerte, ya no tengo dudas, el cielo quiso hacer de mí un hombre privilegiado por ver a un ángel, un alma.

Pasaron algunos años y había sido educado en la fe católica y pude celebrar mi primera comunión a los nueve años. Era un día muy importante para mí, venía de probar a Dios que le amaba y que seguía el camino que me había trazado, sin miedo y sin dudas, en contra empezaba a tener conciencia de la vida real de todos los días.

A esa edad leía muchos tebeos sobre los súper héroes, sobre Mickey, Donald, tío Gilito,......

Me subía a la montaña que se encontraba al pie de la calle donde vivía, para aislarme y así poder hablar con Dios y le pedía:

" Mi Señor concédeme el poder de volar, dame la fuerza de cien hombres para ayudar a los buenos contra los malhechores, dame el poder de hacer reinar la justicia en este mundo, dame también una mujer virgen, honrada, valiente y que me ame con todo su corazón para toda la vida,...."

Le preguntaba todo el tiempo pero nunca me dio esos poderes, toda esa fantasía en la cabeza de un niño.

Hacía prueba de una madurez sorprendente, sobre todo cuando se trataba de justicia, era mi caballo de batalla. Era muy sensible, muy tímido con exceso de energía como muchos niños a esa edad.

Me mostraba generoso con mi madre, le compraba regalos con el dinero de bolsillo que economizaba.

Cuando quería comprar algo costoso, sea una enciclopedia o una consola de juego, le preguntaba al comerciante de hacerme crédito y yo ahorraba todo los meses para pagar mis deudas y siempre iba hasta el final, a pesar de mi temprana edad, tenía una palabra y era muy importante para mí de cumplirla por encima de todo, porque tenía honor.

Mi padre empezó a trabajar llegando a Valencia en una empresa de construcción y trabajos públicos, donde aprendió el oficio de albañil, era la más grande del país.

Más tarde se asoció con un señor para crear su propia sociedad, funcionaba muy bien, habían llegado a amasar una verdadera fortuna en bienes inmobiliarios, pero un día su socio le hizo firmar unos papeles, mi padre le hacía plenamente confianza como si fuera su propio hermano. Siempre compartíamos todo, las vacaciones, las salidas en picnic, las comidas en familia, los restaurantes,......

Su amigo haciéndole firmar esos papeles, hizo que mi papá de amor perdiera todos sus derechos sobre la empresa y los bienes. **La avaricia había sido más fuerte que su amistad, que su amor, mi paterno en unos segundos se vio arruinado.**

A partir de ese día un verdadero calvario empezó, a pesar que en dos ocasiones había conseguido salir del paso, pero a cada vez había sido engañado y utilizado, más por ignorancia y por falta de saber vivir, que por mala fe.

En alguna parte de mi ser, mi moral fue afectada por causa de esos desgarros familiares, todas esas disputas de mis padres.

Estaba obligado muy a menudo de ir a las tiendas y de pedir al comerciante de anotarlo en la cuenta, que vendríamos a pagarlo más tarde.

Yo creo que mi madre había hecho una pequeña depresión de esos altos y bajos, fue muy duro para ella y nosotros, sus hijos, en medio de todo ello.

Había aprendido a no hacer confianza a nadie después de haber vivido de decepción en decepción. **Me había vuelto un muchacho con una bonita sonrisa pero con una mirada triste.**

Para intentar distraerme hacía mucho deporte y ligaba chicas, sobre todo en verano. Era un chico guapo a catorce años pero un nuevo evento a esta edad vino a recordarme algo para que no olvidase que quizás tenía un destino, una misión.

Estábamos de vacaciones en Ledaña, eran las fiestas del pueblo, las fiestas de San Roque en el mes de agosto. Había salido por la noche con mis primos y mis amigos a la verbena, bailamos mucho y bebimos un poco de cerveza.

Sobre las cuatro de la mañana nos dijimos que si entrábamos a casa ahora no podríamos levantarnos a las seis y media para ir a la plaza de toros, para asistir a las vaquillas, entonces decidimos ir a dormir cerca de allí, a unos setecientos metros de las arenas, en medio del campo sin alumbrado, en plena oscuridad.

Nos subimos sobre unas pacas de paja, de una altura aproximada de dos pisos. Una vez arriba nos pusimos a hacer los tontos, a jugar, sin apercibirme que estaba completamente en el borde, cogí una paca para echársela a un amigo, pero resbalé y caí sobre mi lado derecho del cuerpo, golpeándome la cabeza y mi cadera. Bajaron todos y me dijeron: "¡Jhon!,¡Jhon!". Constataron que dejé de respirar y se pusieron a llorar porque se dijeron que estaba muerto.

Pasaron más de veinte minutos, según ellos, ya no había esperanza, pero inesperadamente llegaron dos gitanos, que parecían venir de ninguna parte y me hicieron el boca a boca, volví a mí, me desperté.

Me condujeron a casa y mi familia llamó al médico, me examinó y dijo que tenía algunas contusiones, un gran hematoma en la cadera y un golpe en la cabeza, pero que todo iba bien.

Una vez que todo el mundo estaba asegurado de mi estado de salud, me dejaron solo en una habitación en casa de una tía mía para que descansara.

Me encontraba en una alcoba en la planta baja, mis padres tenían su apartamento en el segundo piso, era un pequeño edificio de tres viviendas y dos pisos de altura.

Pasaron una o dos horas, quizás un poco más, yo no dormía todavía, el dolor era casi insoportable. En ese momento se produjo lo impensable, algo increíble, algo que de nuevo me marcará y aumentará más mi fe en Dios. Resentí una presencia y ella caminó sobre mi lado derecho del colchón y se hundió, y paso por encima de mí y el lado izquierdo se hundió, de repente me cogieron por los brazos y me llevaron al baño, oriné sangre, mucha sangre, y una vez terminado me sacaron para acompañarme a la cama y en medio de la amplia entrada, un tío mío llamado Ricardo bajaba por las escaleras del dúplex y me dijo: " ¡ pero muchacho! ¿ qué haces ahí?".

Esas presencias me soltaron de los brazos y caí al suelo y le dije: " ¡tío mira en el baño!. Mi tío miró y vio toda esa sangre, se asustó y llamó a gritos a todos.

Volvieron a llamar al médico, el cual estuvo a punto de ser linchado, estableció un volante para ir al hospital.

Una vez allí me cogieron en urgencias y me pusieron una sonda para poder evacuar por la orina la sangre.

Parece ser que el médico dijo que si hubiéramos tardado una hora o dos más, hubiera muerto.

Yo me pregunto: ¿qué fuerza en este universo decide cuándo y cómo una persona le ha llegado o no la hora de morir?.

Los ángeles guardianes existen, estoy completamente

convencido.

Durante un mes después de salir del hospital, me costaba mucho andar debido al golpe que me di en la cadera. También seguí un tratamiento durante varios meses por el traumatismo en la cabeza porque a veces perdía la vista durante algunos segundos, veía negro.

Conté a mi familia lo que había vivido pero nadie quería creerme, me dijeron que debía estar soñando, pero yo sabía perfectamente que era verdad porque lo vi con mis propios ojos y sentí como me cogieron por los brazos y me llevaron para orinar sangre, yo no podía caminar.

Es increíble como las personas reaccionan cuando a alguien le pasa algo extraordinario y que a ellos nunca les sucedió y que ciertamente no es muy común, no quieren creerlo y pasamos por un loco.

Hasta la edad de dieciocho años tuve que pasar muchas humillaciones por la falta de dinero. Mi padre estaba muy afectado en el aspecto psicológico, había sufrido muchas decepciones de todos esos altos y bajos en su vida laboral y personal, no buscaba trabajo, se había refugiado en el fondo de un sillón del comedor, leyendo novelas sobre el oeste, los vaqueros, los indios,...pasaba así los días olvidando completamente que seguía teniendo todavía una familia que alimentar y pagarles estudios.

Éramos tres varones y una niña, habíamos sido abandonados a nosotros mismos.

Mi hermano mayor había conseguido aprobar los exámenes para entrar en la policía municipal después de haber hecho su servicio militar.

Trabajaba dos jornadas continuas para ganar el máximo dinero posible. Tuvo tres hijos casándose dos veces, dos niños y una niña. Desgraciadamente tenía un gran problema de salud de la edad de los treinta años y falleció a los cuarenta y dos.

Se había distanciado de mi madre desde su adolescencia, él contaba que ella no era una buena persona, no sé porque decía eso.

También estaba resentido con mi padre porque decía que podíamos desplazarnos todos con un Ferrari pero que había estado obligado a trabajar como un loco para llegar en la vida. Yo le respondí una vez: "que no debería estar resentido contra nuestro padre porque él había hecho lo que pudo, si es cierto que cometió errores, pero tú debes hacer tu vida y no contar sobre los demás."

Recuerdo una anécdota a la edad de nueve años, el día de mi comunión, mi hermano me pidió que le prestara dos o tres mil pesetas del dinero que la gente me dio, y una vez se lo di, me dijo que lo apuntara sobre una barra de hielo y que la pusiera al sol. Nunca volví a ver lo prestado, me engañó.

También recuerdo que una vez me clavó la punta de un compás en la sien y yo me eché al suelo llorando y gritando: " ¡me ha matado!¡me ha matado!". Él partido de risa, burlándose de mí.

Yo pensaba que era una parte mortal de nuestro cuerpo, pues es lo que siempre me habían dicho y de ver como se cachondeaba, me fui hacía la cocina y cogí un cuchillo de unos cuarenta centímetros, me mordí la lengua y corrí hacia él diciendo: " ¡te voy a matar!¡te voy a matar!.

Viendo mi determinación tuvo miedo y intentó refugiarse sobre el balcón impidiéndome de que abriera la puerta del ventanal, pero yo di un golpe al cristal y se rompió cayéndole el vidrio sobre la pierna y hiriéndolo gravemente. Cuando vi toda esa sangre me asusté y lo dejé pasar al interior para ir al baño y limpiarse las heridas. Tuvieron que llevarlo a urgencias porque creo que perdió un trozo de músculo.

Tenía costumbre de provocarme, molestándome sin cesar, pero desde ese día no volvió a empezar. Yo debía tener como siete o ocho años.

Aparte de esas anécdotas compartí muy poco con mi hermano pues éramos casi dos generaciones diferentes. Siempre fue un hombre muy independiente de la edad de trece años y había trabajado en la sociedad de construcción de la familia y en la empresa de fabricación de bloques y tubos de mi padre.

El segundo hijo era yo y el tercer mi hermano Luis.

Luis había tenido malas influencias desde la edad de trece años. No tuvo una vida bella hasta ahora, había estado pagando las consecuencias por los hechos de su juventud. Tampoco tenía buena salud, estaba enfermo. Tuvo tres niñas y también muchas deudas.

Luis se casó con una mujer menor de edad por lo cual necesitó una autorización de la parte de los padres y créanme estaban bien contentos de deshacerse de ella, porque hacía una boca menos para alimentar, visto que eran familia numerosa.

Su esposa nació con problemas de salud, pero ya no sufría de ello, eso sí, le afectó en su madurez como persona y en su natalidad.

En el día de hoy están separados y sin querer mostrarme duro, y siendo mi opinión personal, pienso que es lo mejor que le podía pasar, pues ella le hacía sufrir mucho. Ahora su ex mujer tiene la custodia de la hija mayor y mi hermano tiene la de las dos menores.

Hoy mi hermano Luis es un hombre íntegro, maduro, responsable, que vive bajo la fe en Dios, de confianza, respetuoso de los demás, me siento muy orgulloso de él, lo quiero mucho, es una persona de gran valor y dignidad.

Fui al instituto de Cullera, quería ser ingeniero superior en electrónica pero cuando supe que tenía que ir a Madrid o a Barcelona comprendí que económicamente mis padres no podrían pagarme una habitación, la comida y todos los gastos que mis estudios universitarios les causarían por cinco años.

Me sentí completamente abatido y sin saber que hacer, decidí quitarme toda esa presión que me metía. Es cierto que no me daba a fondo en mis estudios de bachillerato, pero tenía muchas capacidades intelectuales y una memoria casi fotográfica, creo que es la expresión más acertada.

A los nueve o diez años aproximadamente, no recuerdo exactamente, pasé un test de inteligencia en el cual obtuve un noventa y siete por cien de buenos resultados, solo un amigo mío de mi misma clase consiguió el noventa y ocho por cien.

Me acuerdo que a la época decía la gente que habían venido porque el estado español, bajo la dictadura de Franco, buscaban niños sobre dotados intelectualmente para llevarlos a colegios de Madrid, pagando los estudios y todos los gastos de los seleccionados.

Esos señores vinieron a ver a mis padres y me obsequiaron una enciclopedia de ocho tomos de color blanco pues se las regalaron a los tres mejores resultados de todo el colegio y yo obtuve la segunda posición. Esas personas les propusieron de cogerme bajo su protección pero ellos rechazaron.

Eso hubiera podido ser un cambio importante en mi vida, pero el destino quiso que continuara por otro camino.

A la edad de catorce años encontré una chica en Pascua con la que salí durante cinco años a cada vez que venía de vacaciones a la misma época. Se llamaba Selena, era alemana, sus padres eran directores de un instituto en Colonia.

Nos sentíamos a gusto los dos, yo la llamaba mi gatita y a cada vez que le decía eso, ella me hacia el sonido de: " grrrrr..." con los gestos de una gata, me hacía reír.

Nos enviábamos una carta por semana pues queríamos conocernos mejor contándonos nuestras cosas. El último año que salimos juntos hicimos amistad con dos francesas, una rubia y una morena. Un primo mío y yo las encontramos estando de paseo en el "Paseo marítimo" de Cullera al lado de una fuente, en el Oasis. La rubia se llamaba Marly.

Lo que yo no sabía en ese momento es que ese nuevo encuentro cambiaría mi vida para siempre.

Marly salía con un español de Madrid mientras que yo estaba con Selena.

Por la noche, el día antes que Selena se fuera para Alemania, estábamos paseándonos por la playa, yo me senté sobre el borde de un muro, que estaba hecho para eso y ella se sentó a caballo sobre una de mis piernas bien musculosas y sentí al cabo de unos segundos que su comportamiento cambió, su mirada parecía perdida, desorientada, su respiración parecía alterada y la sentí como poco a poco se encontraba en un estado secundario. Creo que el hecho de haberse sentado de la manera que lo hizo, le provocó una excitación inesperada, pero pensándolo bien, seguramente que en realidad, lo que quería era que hiciéramos el amor porque ella me dijo que no quería entrar a casa esa noche, la quería pasar conmigo.

Yo que era un hombre muy respetuoso y tímido, en ese instante no me atreví a ceder a sus deseos y me contenté con ir a sentarnos sobre la arena y besar sus labios.

Era el final de esas vacaciones, Selena y Marly se fueron respectivamente a su país. Ese año de mil novecientos ochenta y dos sería decisivo para mi futuro.

Marly hacía sus estudios en un colegio privado de azafatas a París. Ese mismo año con el acuerdo de sus padres volvió a Cullera por tres meses para aprender el español. Vino a pasar todo el verano con lo cual pude volverla a ver.

Teníamos amigos en común con los que pasábamos horas y horas todos los días. No nos quitábamos ni de día ni de noche, excepto para ir a dormir.

Íbamos juntos a la playa y nos bañábamos en el mar. Nos hacíamos broncear y salíamos a tomar algo juntos. Por la noche entrábamos gratis a la discoteca porque conocía al portero.

También las veces que salíamos a comer una pizza no pagábamos, pues también era un amigo mío. Era realmente un verano de ensueño.

A cada vez que nos sentábamos uno al lado del otro, en cualquier lugar, los dos resentíamos un intenso deseo de besarnos, pero una angustia nos invadía por el miedo de ser rechazado por el otro. Nuestro corazón latía muy fuerte y nuestras almas nos decían: " a que esperáis puesto que estáis hecho para estar juntos."

El catorce de julio, el día de la fiesta nacional francesa, le dije que la amaba y le pregunté oficialmente si quería salir conmigo, como novios. Ella me cogió por las manos y me dijo que sí, me dio un beso en la boca con ternura.

A partir de ese momento todo empezó para mí, tenía conmigo una persona sincera, verdadera, honrada, íntegra y me acordé de lo que le pregunté a Dios cuando me aislaba en la montaña para hablar con él y pedirle todo aquello que le pedí. Además era virgen, algo raro de nuestros días.

Hice el pleno de mis deseos, Marly era una persona extraordinaria, de una inteligencia rara y de una lógica implacable.

Ella era una persona más madura que yo, conocía muchas cosas, se interesaba a todo, era generosa y dispuesta siempre a ayudar a los demás. Podíamos hacerle confianza y contar con ella, era incansable.

Marly tenía también un carácter muy templado, como el acero, siempre lista para defender a los suyos como una leona defendería a sus cachorros.

Marly no es una mujer que se dejaba pisar los pies y cuando ama a alguien, lo ama de verdad.

Un día, Marly, llegó a casa de mis padres llorando, me dijo que por la noche había soñado que perdía todos los dientes y con el número dos y ocho.

Lo que ella no sabía y que yo terminé por comprender muchos años después, es que ella vio una proyección del futuro, una advertencia de lo que pasaría y que todo estaba en sus manos para que no sucediera, ella vio un principio y un fin, algo que ustedes comprenderán y les contaré más tarde.

Esa mañana habló con sus padres y le dijeron que su perrita se había muerto y es por eso que vino a buscarme para contarme sus tristezas.

Marly siempre tuvo un don de visión y de curar el eccema, pero nunca los explotó solo me demostró en varias ocasiones de sus capacidades.

Me acuerdo que había comprado unas cartas adivinatorias y intentaba leer el futuro a mis amigos y a la gente joven de nuestras edades. Lo raro era que a cada vez adivinaba el pasado y los problemas que tenían y les daba las soluciones a aportar.

Una de las chicas a las que les había echado las cartas, como estuvo muy sorprendida, volvió para decirme que tenían un problema en el apartamento en que vivía con sus padres.

Ella les había hablado de mí y me contó que pasaban cosas raras en una de las habitaciones, las luces se apagaban y se encendían, la manivela de la puerta giraba sobre ella misma, oían ruidos y cuando se acostaban sentían una respiración a su lado.

Ella me preguntó si podía ayudarles y yo no sé porque le dije que sí, como si una fuerza en mi interior me empujara a hablar por mí. Le comenté que con solo mi presencia en su apartamento, el espíritu se iría y todo vendría a lo normal.

Ella se fue a preguntarles si aceptaban que yo viniese a su domicilio y sus padres aceptaron porque no podían más, pues todos los días pasaba algo.

Me desplacé y apenas entre en el piso les dije que sentía una presencia y les señalé la habitación donde pasaban la mayor parte de esos fenómenos extraños.

Acerté en todo lo que les dije y me desplacé por toda la casa. Antes de irme les dije que estaba solucionado, que ese espíritu ya no les importunaría más.

Al cabo de un mes la chica volvió a verme y vino a darme las gracias de parte de toda la familia porque desde entonces no había vuelto a suceder nada.

No me pregunten ni cómo, ni el porqué, pude hacer algo así, porque ni yo mismo me lo explico, a parte de la energía que sentí en mi interior y que intercedió para ayudarles.

Un año antes tuve un periodo en que adivinaba cuando una máquina traga perras estaba a punto de dar un premio. Le decía a mi primo, o a veces a algún amigo, estando paseando y veía una máquina, mete una moneda y ganarás. Al principio ellos me decían:"¿ qué estás diciendo?, y yo insistía, se ejecutaban y ganaban. Luego eran ellos que me decían:"¿ puedo jugar?.

No eran grandes montantes sus ganancias pero siempre acertaba, pero me cansé al final de ello y paré. Lo raro era que nunca lo hacía para mí, solo para los otros.

Recuerdo un hecho divertido estando de excursión en Mallorca con la clase de bachiller. Estábamos en un hotel y dormíamos a dos o tres por habitación. Una noche nos reunimos varios compañeros en una de ellas y nos bebimos a tres una botella de alcohol con una bebida gaseosa.

Luego bajamos corriendo cinco pisos de altura por una escalera en forma de caracol y salimos a la calle.

De allí decidimos entrar en cada bar que encontraríamos y pedimos tres copas cada uno, una de anís, otra de coñac y otra de Mistela.

A cada vez que salíamos de uno de ellos cantábamos: "¡anís,

coñac, Mistela y discoteca!¡Anís, coñac, Mistela y discoteca!. Debimos hacer entre cuatro o cinco bares.

Caminando por el paseo marítimo y cogidos los tres por el cuello, vimos llegar a dos mujeres de una edad muy avanzada. Ellas viendo el estado de embriaguez y que no parábamos de cantar nuestro eslogan, tuvieron miedo y más que se acercaban, más que ellas se cogían fuerte y se apretaban contra la pared del edificio. No paraban de mirarnos y nosotros a ellas. Llegaron a nuestra altura y empezaron a alejarse, nos miramos y las señoras no nos quitaban la vista, de repente al unísono dijimos: ¡al ataqueeeeeeeeee!. Las viejas echaron a correr gritando ¡socorrooo!, y nosotros corriendo detrás de ellas partidos de risa pero apenas teniéndonos de pie. Solo queríamos bromear, pero no pudimos impedírnos de hacerlo a causa del comportamiento que tenían.

Las dejamos de molestar en menos de diez segundos y nos fuimos cantando nuestro eslogan, queríamos ir a una discoteca para terminar la noche.

Llegamos a una plaza llena de jóvenes de nuestra edad y estuvimos a punto de ser linchados por los otros.

Uno de mis compañeros cayó al suelo inconsciente y menos de cinco minutos después, el otro. Un empleado del hotel nos reconoció y se cargó con uno de ellos y yo me cargué al que quedaba, menos mal que el hotel estaba muy cerca, pudimos llegar a nuestras habitaciones.

Estuve toda la noche vomitando vigilado por un profesor. Al día siguiente no pude comer nada hasta la noche, pues todo lo que comía lo volvía a expulsar, incluso me perdí el paseo a caballo que había pagado y lo hice aprovechar a una compañera.

Durante más de un año no fui capaz de ver una botella, ni siquiera detrás de una vitrina pues me daba náuseas solo de verlas.

Hoy estoy contra la toma del alcohol y no consumo nada, excepto en alguna rara ocasión y una dosis mínima.

No olvidemos que el abuso del alcohol es malo para la salud, como la del tabaco y tampoco se comporten como nosotros lo hicimos.

Después del verano Marly regresó a Francia. Apenas se fue, yo estaba desesperado, no soportaba la idea de estar lejos de ella y no dejaba de llorar.

No paraba de molestar a mi madre para que me prestara dinero para ir con ella. Había trabajado con mi padre algún tiempo en la obra y no había estado pagado todavía, entonces pregunté a mi mamá de empeñar una de sus joyas y me dijo que no, pero frente a mi insistencia, cedió y pude rendirme a París, justo siete días después de su partida, el veintisiete de septiembre.

Cuando el papá de Marly supo que su hija salía con un español estuvo muy enfadado, nunca hubiera podido imaginar algo así y cuando llegué tuve que dormir en un hotel al lado del ayuntamiento y frente a la estación de trenes.

Marly se iba todas las mañanas a su colegio y yo la acompañaba, como no tenía mucho dinero me compraba una barra de pan como desayuno porque era lo más barato y lo que me llenaba más el estómago.

A medio día compartía la comida con Marly con el dinero que sus padres le daban.

Su padre terminó por aceptar de invitarme a cenar todas las noches y luego me acompañaba hasta el puente que cruzaba el río Sena que separaba las dos ciudades en la que en una de ellas vivían y la otra se encontraba mi hospedaje a unos dos cientos metros.

Su madre hacía los mercados vendiendo ropa y los sábados Marly y yo le ayudábamos, pero por la mañana nos escapábamos un poco para tener nuestros momentos de ternura, puesto que el hotel se encontraba a unos cincuenta metros.

Muy a menudo llovía, era muy húmedo, los días pasaban rápidamente y pronto estaría obligado de volver y eso me hacía sentir una enorme tristeza.

Llegué a quedarme once días.

Marly volvió a España para las navidades, yo había trabajado unos días en la sociedad de la familia pero caí enfermo y con fiebre, pero el hecho de volverla a ver se me quitó todo y me sentí mejor. Creo que el amor puede hasta con la enfermedad.

Ella pasó unos días conmigo hasta que me fui a la mili.

Nos veíamos todos los tres o cuatro meses cuando ella tenía vacaciones escolares. Era ella que venía siempre, economizaba todo el dinero que le daban para comer y salir. Hacía todo lo que estaba en su poder para estar a mi lado. Todo ese proceso duró hasta agosto de mil novecientos ochenta y cuatro.

Nos amábamos mucho, con locura, pero su fuerte carácter y su intolerancia, hacía que yo me sintiera muy mal en múltiples ocasiones y nos discutíamos mucho por ello.

Ella no toleraba que yo dijese tonterías o cometiese errores, tenía costumbre de cogerme por las orejas y regañarme cuando hablábamos sobre cualquier tema y si yo no estaba de acuerdo con ella, explotaba como un volcán porque defendía con dientes y uñas sus ideas, para ella siempre tenía razón.

Me reprochaba de no interesarme a nada, a parte del deporte, sobre todo el fútbol. A ella no le gustaba, decía que eran veintidós tontos corriendo detrás de un balón, una manera de despreciar a esos profesionales y apasionados deportistas.

En pascua de mil novecientos ochenta y tres estaba de permisión y Marly las pasó conmigo. Selena también estaba allí, pero esta vez vino con dos amigas y no con sus padres como tenía costumbre.

Marly y yo no parábamos de discutir todos los días. Estando en casa de mis padres Selena llamó a la puerta, yo abrí y ella estaba allí delante de mí llorando, quejándose de unos jóvenes que estaban alquilados en un piso encima de ellas y tuve que ir a solucionar el problema.

Una noche fuimos a la discoteca y me fui al bar para buscar que beber para Marly y para mí. Tenía una bebida en cada mano y cuando me di la vuelta Selena me cogió en sus brazos y empezó a besarme. Me había cogido completamente por sorpresa pero es cierto que le correspondí en ese beso, que fue muy tierno y agradable y me dijo que me quería.

Fui a llevar el vaso a Marly y unos minutos después sentí que alguien me metía un papelito en mis manos disimuladamente, era de Selena. Le dije a Marly que necesitaba ir al baño y una vez allí lo leí, decía que me daba cita en su apartamento inmediatamente.

Volví al lado de Marly y hubo de nuevo una disputa, entonces decidí irme discretamente para juntarme con Selena.

Una vez en el apartamento, ella me cogió en sus brazos y no paró de besarme y me dijo que no soportaba la idea de no estar juntos y que había hablado por teléfono con sus padres para llevarme a

Alemania con ella.

Sus padres estaban de acuerdo de recibirme y ayudarnos. Dije a Selena si estaba de acuerdo de venir a vivir conmigo en Cullera puesto que yo tenía la posibilidad de tener un puesto en la policía una vez terminado mi servicio militar y ella me dijo que sí.

Le dije que lo tendría en cuenta puesto que Marly y yo vivíamos momentos de tensión y muchas veces me preguntaba qué hacíamos juntos, no porque no la quería, sino porque me faltaba el respeto sin cesar.

Marly me estuvo buscando por todas partes y había dejado una de sus pulseras sobre el puño del coche, del lado del conductor, para hacerme comprender que había estado ahí.

Cuando la encontré estaba llorando y me hacía muchas preguntas:"¿dónde has estado?, ¡te he estado buscando por todas partes!.". Me pidió perdón por lo sucedido y yo como siempre la perdoné, porque la amaba demasiado y pensaba en todos los esfuerzos que ella había hecho para los dos.

Una noche Marly y yo decidimos ir a las dunas para pasar un momento agradable. Había la plena luna y los edificios estaban un poco apartados. Apenas de haber llegado nos tumbamos sobre la arena y de repente vimos una silueta que se acercaba hacia nosotros, parecía un gorila, pues andaba de una manera extraña. Nos quedamos mirándolo fijamente y se acercaba de más en más y cuando llegó a unos treinta y cinco metros, lo vimos claramente era una especie de Yeti, de unos dos metros veinte de altura, tal vez más. Su cuerpo era muy peludo, era muy ancho de brazos, cuerpo, piernas y su cabeza era mitad humana mitad mono, perecía una especie primitiva.

Tuvimos tanto miedo que nos echamos a correr, le dije que deberíamos ir a la policía y ella me dijo que no, porque nos tomarían por locos y que era mejor no contárselo a nadie.

Marly prefería pensar que era alguien que se disfrazó para hacer una broma, pero en el fondo de ella sabía que eso no era posible.

Y me hago dos preguntas: ¿ esa cosa buscaba una hembra para aparearse? o ¿esa cosa buscaba sus presas para comer?.

Mi pasaje por la mili no fue puro descanso, me asignaron como recluta a la ciudad de León.

Una vez allí, uno de los suboficiales preguntó a todos los reclutas de ese batallón si habían algunos con conocimientos musicales y yo me porté voluntario, eso me sirvió para evitar de hacer guardias por la noche.

Yo tenía experiencia puesto que había tocado el Saxofón tenor en una orquesta de 130 músicos en Cullera. Tocábamos mucha música clásica y española durante las fiestas.

Todo eso me recuerda que a la edad de 14 años conocí dos jóvenes alemanas llamadas Ritale y Renatele de mi misma edad,

Ritale era muy bella con sus cabellos rubios y rizados, con ojos, creo recordar, azules.

Me acuerdo que nos invitaron a comer en su apartamento a mi primo y a mí, y yo les preparé unos espaguetis pero cuando quise condimentarlos con un poco de sal se destapó el recipiente y cayó mucha, yo intenté quitar el máximo pero quedaron muy salados, a pesar de ello, se lo comieron todo y yo estaba muerto de risa porque no se los dije, pasamos un buen momento con ellas.

Ritale salía con un madrileño que quería ser cura, él era como dos o tres años mayor. Como estaba ocupada intenté ligar a Renatele pero no me funcionó porque empezó a salir con un chico y yo no lo sabía, entonces me dijo que no, pero al poco tiempo Ritale fue dejada por el muchacho ese y estando sentados al lado de un árbol, me dijo que estaba enamorada de mí en alemán y yo le dije: ¿qué?, y ella volvió a repetir, fue tanta mi timidez, que hice como si no hubiera escuchado nada, no me atreví más tarde a lanzarme para conquistar su corazón.

Los padres de Ritale estaban ahí, e incluso asistieron a un concierto en el mercado de Cullera al cual yo les había invitado. Un día fui a buscar a Ritale a su apartamento y me fue abierta la puerta por su madre, ella me invitó a pasar, estaba sola, y me dijo de acompañarla hasta su habitación y una vez allí comenzó abrazarme, besarme por toda la cara y decirme cosas en alemán que yo no comprendía, lo que sí entendí es que quería sexo conmigo y no sé como hice para salirme de sus garras, pero pude escapar.

Debo reconocer que tuve miedo, nunca había hecho el amor, era una mujer muy hermosa pero yo no tenía edad para una relación así, podía ser mi madre. Yo no lo conté a nadie ni siquiera a Ritale, pero a partir de ahí evitaba encontrarme con esa señora.

Estuve aplicándome con la gaita en el cuartel, aprendiendo a desfilar al mismo tiempo que tocaba, no era fácil porque tenía dos dificultades, las posiciones de la gaita representaban un medio tono de diferencia con respecto al Saxofón tenor y además había que desfilar al compás.

Caí enfermo con una fuerte fiebre y adelgace 6 o 7 kilos. Solamente el día antes de la jura de bandera logré hacerlo bien y el día del desfile me comporté como un verdadero profesional, había estado perfecto y el coronel, responsable de la banda de música, vino a felicitarnos a otro músico y a mí, porque sobre los 5 gaitas que éramos solo nosotros dos llegamos a salvar la marcha militar delante de tantos responsables militares y delante de mucho público.

Ese mismo coronel quiso impedir de irme cuando vinieron las C.O.ES (compañía de operaciones especiales) a pedir voluntarios para hacer parte de los comando que estaban situados en Oviedo. Yo conseguí pasar las pruebas físicas a las que nos habían sometido y sobre los varios de cientos de voluntarios solo podían escoger a 56, pero sobre mi insistencia el coronel terminó de aceptar dejarme ir a esa nueva compañía.

Nos dieron diez días de permiso después de la jura de bandera para poder reunirnos con nuestras familias y así volver a mi playa de Cullera llena de recuerdos, del buen tiempo pasado con mis amigos y las amigas, sobre todo de origen extranjero en mi adolescencia.

Tenía gran necesidad de recuperar físicamente porque en los últimos días había estado enfermo, adelgazado mucho y pronto debía reintegrar ese cuerpo de élite de las fuerzas armadas españolas.

De vuelta, en el tren con mis dos compañeros que conocí como recluta, Eduardo y Ernesto de Torrente, comentábamos toda las aventuras que íbamos a vivir : el submarinismo, la escalada, el esquí de combate, el yudo, el full-contact, el combate de calle, la manipulación de todo tipo de armas y explosivos, la topografía, ….

Estábamos entusiasmados porque representaba mucho deporte y muchas salidas al exterior del cuartel. Los suboficiales nos habían presentado todos los lados positivos de este cuerpo de élite, creíamos que había mucha solidaridad, amistad, pero lo que íbamos a vivir eran muchas más de otras cosas negativas, era el lado oscuro del hombre: el odio, la rabia, la locura, las ganas de matar,…

Era una mezcla explosiva que puede cambiar a una persona y hacerle caer del lado malo, en la agresividad.

Apenas llegados, se pusieron a distribuirnos la ropa y el material para los próximos trece meses que íbamos a pasar.

Éramos cincuenta y seis nuevos, que iban a pasar seis meses con cincuenta y seis veteranos.

Durante la distribución del material, los ancianos empezaron a llegar, nos costaba creer que eran jóvenes de nuestra edad, tenían bigote y barba y sus miradas eran penetrantes sin miedos, parecían depredadores listos para atacar a sus presas y las presas éramos nosotros.

Todo empezó en ese momento, nos maltrataban, nos insultaban, nos pegaban, nos quitaban todo lo que teníamos. La violencia se había instalado cotidianamente, parecía todo surrealista, pensábamos que estábamos haciendo un mal sueño, que era solo una pesadilla, que no era real.

Los menos fuertes entre nosotros, psicológicamente, empezaban a ceder, a desmoralizarse, hasta tal punto que uno de ellos abrió una ventana del dormitorio para intentar tirarse y así suicidarse pero unos compañeros lo impidieron justo a tiempo.

Otro tenía una metralleta a la cual le puso un cargador estando en el dormitorio y dijo os voy a matar a todos, pero otros colegas que estaban detrás de él, le evitaron de cometer una masacre.

Un soldado quiso desertar pero también lo detuvieron. Dicen también que hubo un veterano que le obligó a un novato a hacerle sexo oral. A otro le hicieron volverse a comer lo que había vomitado justo antes, y paso de otros casos.

En lo que me concierne yo intenté resistir y afrontarlos, pero al cabo del tercer día me cogieron entre cuatro o cinco veteranos, me pegaron dos bofetadas y me obligaron a hacer flexiones en el suelo teniendo a alguien sentado sobre mi espalda, otro aplastándome la cabeza para impedirme de hacer esas flexiones y otros dos, uno a cada lado, dándome patadas en el vientre, estómago y en las costillas.

No sé el tiempo que duró ese tormento pero en ese momento me pareció una eternidad, creo que debí hacer cuarenta o cincuenta flexiones pero qué podía hacer contra esas hienas, me prometí vengarme cuando llegara el momento oportuno.

Cuando al fin me soltaron me enviaron a hacer cola para recuperar más material y al cabo de una hora, más o menos, empecé a sentirme muy mal y me caí al suelo, mis compañeros llamaron al sargento y viendo mi estado, me llevaron al hospital militar urgentemente.

Una vez allí, me examinaron y me hicieron radiografías, tenía mucha fiebre, vino un médico que era capitán y me dijo que cómo era posible que tuviera tantos traumatismos musculares y yo le dije que me caí, pero el capitán insistió que le dijera la verdad y no tuve otro remedio que contarle lo que había sucedido.

Me quedé unos diez días en el hospital y allí conocí a dos veteranos con los cuales empecé una amistad e incluso hice una salida al cine con autorización para ver "el muro" de un grupo inglés.

Yo empecé a hacer trampa con el termómetro cuando la fiebre me bajó, porque no quería volver al cuartel con esa banda de locos furiosos, ponía el termómetro al lado de la calefacción y así engañar a la enfermera, pero no duró mucho esa estrategia y un día apareció uno de mis sargentos para decirme que los nuevos debíamos irnos para hacer una marcha de supervivencia de diez días, que si no lo hacía con ellos ahora y me quedaba en el hospital, entonces debería hacerlo dentro de seis meses con los nuevos.

Yo decidí partir y hacer esa marcha con mis compañeros y me llevaron al batallón por la noche justo en el momento que ya estaban todos acostados. El sargento me llamó para hablar de lo sucedido porque un parte militar había llegado al cuartel para poner fin a esas prácticas.

A pesar de ello la violencia cotidiana continuo con un poco menos de intensidad cierto, pero siempre presente.

Salimos para la marcha de supervivencia, yo no estaba todavía realmente establecido y mis superiores decidieron de guardarme con ellos todavía dos días, el tiempo necesario para que mis compañeros atravesarán la cordillera con una mochila en la espalda, de por lo menos treinta kilos, bajo la nieve y la lluvia, hasta el lugar de destino.

Una vez que llegaron yo reintegré el grupo y empezaron a formar equipos de cuatro y de cinco personas. Construimos cabañas con los ponchos y con las ramas de árboles que teníamos al lado de un río.

No teníamos nada que comer, excepto un puñado de harina, levadura y sal, por lo cual debimos construir un horno a pan con piedras.

También nos dieron una gallina que no podíamos matar hasta dos o tres días antes de terminar la misión y tuvimos que construir un horno para ahumar las carnes, de manera a matarla y comérnosla el último día. Para el resto de los alimentos debíamos apañarnos solos y comer raíces, babosas, ranas, gusanos de tierra o si teníamos un poco de suerte pescar unas truchas, pero eso nunca sucedió.

Nuestra gallina nos daba un huevo cada día para cinco y teníamos un trozo de pan no más grande que una clementina.

El día que matamos la gallina, pudimos comernos solo sus vísceras, lavadas y asadas, nos parecieron muy ricas, pues teníamos mucha hambre. En esos diez días de práctica perdí diez kilos como la mayoría de entre nosotros.

A la vuelta de la caserna, los días, las semanas y los meses se sucedieron, así como las diferentes maniobras de quince o veinte días por mes. Nosotros, los que fuimos novatos, ya no lo éramos y algunos entre nosotros empezamos a establecer una cierta amistad con los veteranos, la presión empezó a bajar un poco o por lo menos eso es lo que resentía, quizás porque nos habíamos acostumbrado a ello, pero lo que sí es seguro, es que yo no me dejaba intimidar más por nadie y mostraba mi fuerza a aquellos que me buscaban, no es por nada que medía un metro noventa y empezaba a estar muy bien entrenado para las peleas, tenía un fuerte odio contra esos veteranos.

Todos los días recibíamos un entrenamiento físico hasta el agotamiento, nos levantábamos a las seis o seis y media de la mañana y nos tocaba salir al exterior en treinta segundos para verificación de los efectivos, después nos íbamos a correr cinco o seis kilómetros y a la vuelta, nos daban un vaso de café o chocolate (agua de calcetín) con dos pequeñas galletas.

Teníamos poco tiempo para ese desayuno de pobres y luego volvíamos al entrenamiento que consistía en : una hora de pista americana, una de yudo, una de full-contact, una de combate de calle con cuchillo, una de topografía, una de técnica de armas y otras cosas más, todo eso pasaba entre la mañana y la tarde.

Los suboficiales tenían un placer mal sano de despertarnos casi todas las noches a la una o dos de la mañana, encendiendo las luces y haciéndonos salir al exterior, incluso en invierno a menos diez bajo cero, para echarnos a la piscina con bloques de hielo o en el barro o hacernos pasar la pista americana....**era un maltrato físico y psicológico constante de manera a convertirnos en hombres rudos y determinados, nos decían que solo éramos unos hijos de perra, una mierda, que no valíamos nada,....**

Teníamos un sentimiento de impotencia y eso provocaba en nosotros odio y violencia. Querían que nos volviéramos como máquinas de matar.

Marly vino hacerme una sorpresa a Oviedo dos o tres días antes de irme de permiso a Cullera por diez días, eso me permitió desahogarme un poco con mi hembra.

En el tren de ida para Valencia, los dos caporales primero y otros veteranos, vinieron a pegarse como moscas alrededor de nosotros porque Marly estaba radiosa como el sol por su belleza y su sonrisa de ángel, con esos ojos azules y esos cabellos rubios y un cuerpo de diosa.

No paraban de hacerle preguntas mientras ella estaba sentada sobre mis piernas, y como conocía perfectamente la situación cotidiana que yo vivía, los trataba de salvajes, de inhumanos, pero ellos estaban como hipnotizados delante de esa francesa que hablaba con ese acento tan gracioso y sobre todo tan bella.

Tuvimos que soportarlos durante horas, pero lo que es extraño es que a la vuelta a la caserna, todos aquellos que la conocieron cambiaron su comportamiento conmigo, tratándome con respeto y queriendo establecer una amistad.

Una vez estuve a punto de perder la vida en unas maniobras. Un general o coronel, vino de retraso para una demostración de desembarco de comando, en una playa en el norte de España. Habíamos enterrado unos explosivos en la arena de cada lado de un pasillo por el cual debíamos pasar. Un cabo recibió la orden de abrir el paso a todos y yo recibí la consigna de cerrar la líneas sobre ese pasillo, único posible sin mayor peligro, pero ese retraso supuso que la marea subiera y ya no tuviéramos ninguna señal para saber por dónde debíamos desembarcar y nos dieron la orden, a pesar de ello, de hacer esa demostración.

Éramos cuatro embarcaciones neumáticas con ramas y cuatro soldados en cada una de ellas. Apenas salimos de los botes, hubo dos que saltaron por los aires y al mismo tiempo nos disparaban con bala real por encima de nuestras cabezas, nos tiramos al suelo y cerramos líneas, yo me quedé el último como se me ordenó y me di cuenta que uno de mis compañeros estaba en peligro y lo cogí por las piernas y lo tiré sobre un lado y apenas lo hice hubo una explosión justo en el lugar que estaba ese muchacho.

Creo que le salvé la vida, pero apenas unos segundos después tuve un presentimiento y me dije que tenía que rodar sobre mi mismo para centrarme justo en el medio y apenas lo hice, otra explosión se produjo en el lugar donde yo decidí cambiar, salvé mi vida, y después se produjeron explosiones a la derecha y a la izquierda a mi nivel, parecía interminable, y cuando todo terminó tenía las oídos ensordecidos.

Fue un momento de alta tensión e incluso de pánico al principio, porque no sabíamos dónde estaban las marcas que habíamos hecho.

A pesar de todos los entrenamientos desde hacía meses, no merecíamos llevar la boina verde y el escudo de las C.O.ES, para ello tuvimos que pasar un último reto que consistía en la prueba del prisionero.

Nos fuimos para una marcha de cuatros días a través de la cordillera cantábrica para recorrer ciento sesenta kilómetros y cuarenta kilómetros por día, cargados con una mochila de unos veinte a treinta kilos de peso, pero además, como yo era el radio de la compañía, debía llevar una sobre mi pecho que pesaba diez kilos y ochocientos gramos, más cada uno debía llevar su arma, Cetme o metralleta como era mi caso. Era muy duro físicamente y eso provocó varios abandonos a causa de ampollas en los pies, tobillos torcidos...personalmente conseguí ir hasta el final.

Apenas llegados a la caserna muertos de hambre, agotados, teníamos solo ganas de tomar una ducha y cenar. Empezamos a poner nuestras cosas en los armarios metálicos, debían ser alrededor de las nueve de la noche, cuando de repente varios hombres armados entraron en nuestros dormitorios gritando: ¡os vamos a matar a todos!, y empezaron a resonar ráfagas de metralleta.

El primer reflejo que tuvimos fue echarnos al suelo para evitar las balas, teníamos el miedo en el vientre porque no comprendíamos lo que estaba pasando y pensamos que íbamos seguramente a morir, pero levantando las cabezas comprendimos que eran balas en blanco y que la última prueba venía de empezar.

Nos vendaron los ojos con las boinas de recluta y nos ataron con cuerdas el cuello con las piernas dobladas hacia la cabeza y boca abajo, era imposible de moverse y si hacíamos el mínimo esfuerzo nos ahogábamos nosotros mismos.

Nos tiraron muebles sobre nosotros, nos daban patadas, y nos interrogaban al mismo tiempo pegándonos bofetadas, puñetazos, gritos.

Nos desataron la cabeza de los pies y nos obligaron a bajar por las escaleras hasta la calle, todo con violencia, insultos y golpes.

Una vez fuera, nos tiraban cubos de agua, continuaban golpeándonos y insultándonos, estábamos atados como salchichas y empezaron a tirarnos en los camiones como sacos de patatas.

Yo conseguí desatarme y empecé a soltar a otros compañeros, pero uno de los asaltantes se dio cuenta que algunos habíamos llegado a soltarnos y entonces dijeron a todos aquellos que estaban desatados que iban a pasar un mal cuarto de hora y empezaron a echar fuera del camión a aquellos que lo lograron, pero con mucha violencia y un compañero cayó mal del vehículo y se fracturó unas costillas y el hombro, tuvieron que llevarlo al hospital.

Cuando llegaron a mí, yo logré simular que seguía atado envolviendo sobre mí las cuerdas y logré evitar así de ser más maltratado.

Nos llevaron en plena montaña y allí empezaron a soltarnos por grupo de dos, dándonos cita a un punto determinado en la montaña, previniéndonos que si nos hacíamos coger antes de llegar o que si no llegábamos al punto a la hora prevista, lo pasaríamos muy mal.

Era totalmente oscuro y a varios kilómetros distinguíamos las luces de las ciudades. Gracias al entrenamiento que habíamos recibido, con la orientación por la noche de las estrellas, llegamos al punto indicado con dos horas de adelanto.

Nos habíamos encontrado con otros dos compañeros en las montañas durante la fuga y así llegamos los cuatro a destino.

Fue así que nos merecimos esa boina verde tan esperada con el escudo de las C.O.ES, estábamos orgullosos de pertenecer a ese grupo de élite, a pesar de todos los sufrimientos padecidos.

Ese pasaje de trece meses en los comando me había vuelto un poco violento, hasta tal punto, que Marly se preguntó si no debía dejar nuestra relación, pero nuestro amor fue más fuerte. Nadie podía mirarme con desafío porque le saltaba encima, primero verbalmente y si insistía, físicamente, pero siempre abandonaban antes de que la situación empeorara.

No tenía miedo después de haber sufrido de tanta violencia y humillaciones, estaba muy seguro de mí, me sentía forjado en el acero. Necesité más de un año antes de calmarme y tomar las cosas con más filosofía.

Cuando terminé mi servicio militar, encontré trabajo en verano, en una heladería que hacía también pizzería. Me quedé dos meses y medio e incluso Marly pudo trabajar un mes y medio conmigo.

Habíamos alquilado un apartamento a cincuenta metros de donde vivían mis padres, queríamos estar solos, tranquilos, como una vieja pareja pero habíamos arrendado una habitación a unos de los camareros que trabajaba con nosotros.

Empezábamos a las cinco de la tarde y terminábamos a las cuatro o cinco de la mañana. Había muchos turistas extranjeros a la época.

Cullera era una ciudad muy animada y poseía un atractivo

natural, una playa de arena extra fina, en forma de media luna. El agua del mar era caliente y transparente, con un castillo en su cima con vistas panorámicas de varios kilómetros, un puerto de pesca, el río Júcar, campos de naranjos, campos de arroz....

Todo ello cerca de la capital, Valencia, era mi pequeño paraíso terrenal en el que me crié, estaba orgulloso de hacer parte de su población.

Lo que yo no sabía era que ese verano de mil novecientos ochenta y cuatro, sería el último como residente, porque a finales de septiembre me iría a Francia con Marly.

Mis suegros nos dieron un estudio para vivir los dos, frente a la estación de trenes y al lado del ayuntamiento.

Yo me sentía raro porque tenía la impresión de hacer parte de otro mundo, he tenido una vida más tranquila, menos acelerada y la vida allí iba muy deprisa, la gente no tomaba el tiempo de vivir, de hablarse o simplemente de mirarse, parecían tener el reloj delante de los ojos, solo el tiempo contaba.

Era una sociedad multirracial donde convivían hombres de todas las razas, de todas las religiones, pero que había una falta de conexión entre ellos y que cada uno vivía a su manera, yo lo resentía como una sociedad fría donde los propios franceses vivían desconectados los unos de los otros.

Después de haber llegado a esa ciudad, al cuarto día, fui a

declararme al consulado español en París, el uno de octubre de mil novecientos ochenta y cuatro.

Marly y yo habíamos programado casarnos el veintisiete de octubre, acompañados de sus padres, sus tíos, que serían al mismo tiempo nuestros testigos, otra tía suya, su hermana y su abuela.

Eso me permitiría obtener la carta rosa para poder encontrar un trabajo.

El día de la boda tuve una fuerte discusión con ella y le dije que no quería casarme, que me iba a volver a España. Mi decisión provocó en ella una inmensa furia contra mí y me dijo que no tenía derecho de hacer eso, que los invitados estaban esperando y que sus padres habían pagado el restaurante.

Yo le contesté que ya no soportaba más su manera de tratarme. En mi interior pensé que quizás con el tiempo, ella cambiaría y se tranquilizaría dándole mucho amor, mucha comprensión, escucha y apoyo, pero más tarde comprendería que no serviría de nada. Así que me casé a pesar de todo con una esperanza, porque nos amábamos mucho, nos amábamos de verdad.

Marly había sido educada y cuidada por su abuela paterna desde muy pequeña porque sus padres trabajaban todo el día. Su abuela la consentía muchísimo dándole a comer todo lo que le apetecía, no la obligaba a nada.

El fin de semana los padres de Marly la recuperaban pero su madre quería obligarla a comer de todo, y como ella no estaba acostumbrada, rechazaba de hacerlo, entonces su madre la castigaba y le.......

Uno de los castigos era de encerrarla en el retrete sin luz, en plena oscuridad. También la puso fuera del apartamento con sus maletas diciéndole que no quería más de ella.

Marly se tiraba al suelo llorando y pataleando a cada vez que sus padres querían obligarla a hacer algo. Estoy seguro que todo ello le afectó psicológicamente en su carácter y forma de ser, puesto que yo pagaría las consecuencias de esos actos durante años, su educación fue extremadamente severa.

Empecé a trabajar dos días como peón con un albañil que era autónomo, luego en la mudanza, una semana en la cual había que trabajar dieciocho horas diarias.

A la mitad de enero de mil novecientos ochenta y cinco inicié el trabajo por una empresa para distribuir periódicos y publicidad en los buzones. Teníamos que andar unos treinta kilómetros por día a toda velocidad, recorríamos dos distritos de París, así como la ciudad de Antony y alguna que otra zona en función de los días de la semana.

Permanecí cinco meses y medio sin estar declarado, ganaba muy poco pero eso me permitió avanzar y vivir ciertas anécdotas que les voy a contar ahora.

La primera fue cuando encontré a un señor en la entrada de un edificio y me preguntó si me interesaba ser modelo, le dije que sí, entonces me dio su tarjeta de visita y me dijo de llamarlo el lunes siguiente al trabajo, le contesté, de acuerdo.

Llamé ese lunes y pregunté por él, la señora me puso en espera pero empecé a oír como gemidos y ruidos extraños por el teléfono y yo me dije ¿dónde he ido a caer?. Al fin se puso el señor y yo le pregunté ¿es para hacer películas pornográficas? y me contestó: ¿es que le molesta?, y yo le dije que sí y le colgué.

Unos días más tarde trabajando en París, estaba sobre una acera muy ancha, esperando la llegada de mi jefe, me encontraba delante de un pequeño supermercado y mirando hacía allí vi un señor que estaba en la caja pagando sus compras, estaba vestido con un traje y llevaba un maletín. Él también me había remarcado y no paraba de mirarme, era primavera y yo estaba vestido con un pantalón vaquero, una camisa a cuadros y unos zapatos deportivos.

Una vez salió se dirigió a mí y empezó a mirarme de arriba a abajo y me dijo: ¿a usted le gustaría ser modelo?, y yo contesté de nuevo que sí.

Cuando oyó mi acento me dijo: ¡pero no eres francés!, ¿de dónde vienes?. Respondí de España, ¿y qué edad tienes?, yo le contesté veinte y dos años, entonces me dijo que era un hombre muy ocupado, que eran las diez de la mañana y que vendría dentro de una hora para llevarme hacer una sesión de fotos pero que estuviera a las once en punto, sin falta.

Mi jefe llegó dos minutos después y le conté toda la historia y me contestó: "¿o subes o te quedas?, yo no te puedo traer, estamos trabajando."

 En segundos analicé la situación y me dije: no tengo dinero para entrar en casa, no sé dónde estoy y cómo hago para entrar, no sabía si la proposición era seria y si era seria, si iría a funcionar, y si no subía al coche perdería mi trabajo, entonces no tuve más remedio que subirme al vehículo.

Mi corazón lloraba en mi interior, es como si supiera que acababa de perder la mayor oportunidad que jamás me darían y yo no supe tener las agallas necesarias para intentarlo el todo por el todo.

Durante días no paré de pensar en la vida de lujo que hubiera podido llevar, los viajes en avión a través del mundo entero, la oportunidad de ser actor o cantante, en fin, así me imaginaba el hecho de ser modelo.

Si pensaba así es porque algún tiempo después, en un reportaje a la televisión que hablaban de la moda, vi a ese señor que el periodista estaba haciéndole una entrevista y resultó ser el dueño o el director de una de las dos mejores agencias de modelos de París.

No saben cuánto lamenté el no haber tenido el valor de dejar mi trabajo y esperar a ese señor sobre la acera, pero ya era demasiado tarde. Hoy me digo que si lo hubiera hecho, seguramente no estaría con Marly, ni tendría mis dos hijos y que tampoco sería el hombre que soy actualmente.

Como el día de mi unión con Marly fue únicamente civil y solo hicimos una pequeña fiesta en un restaurante con un grupo muy reducido, entonces decidimos casarnos por la iglesia seis meses después, el veintisiete de abril de mil novecientos ochenta y cinco.

Alquilamos una sala al borde del Sena e invitamos a toda la familia esta vez, a un banquete libre.

Llamé a mis padres y a mi familia en España para invitarlos, pero nadie vino a la boda, ni siquiera mis paternos, me casé solo, muy solo y eso me entristeció, a tal punto que mi corazón me hizo sentir una pena muy grande, fue doloroso pero que podía hacerle, nada, absolutamente nada. La razón que invocaron fue económica pero creo que el verdadero motivo fue porque no estaban de acuerdo con mi elección, conocían muy bien el carácter de Marly.

La fiesta de la boda fue increíble, no lo pasamos a lo grande, habíamos organizado concursos, bromas, interpretaciones graciosas, bailes cómicos, juegos,....hasta muy tarde en la noche.

El primero de junio de ese año encontré un trabajo gracias a mi suegro que era taxista autónomo, porque hablando con uno de sus clientes que trabajaba en una empresa grande, siendo ese señor jefe de equipo, me consiguió un puesto.

La empresa pertenecía a un grupo, una cadena de hoteles internacionales.

Nuestra actividad consistía en suministrar la alimentación y lo no alimentario, para los hoteles y restaurantes de la sociedad.

Empecé trabajando en la descarga de los camiones en mercancía llamada seca, era muy rudo porque descargábamos a veces a la mano treinta o cuarenta toneladas y en total representaba casi doscientas toneladas por día, pero esto solo duró que unos días porque se interesaron por mí, el servicio de preparación de pedidos para los clientes, me preguntaron si sabía leer francés y yo les dije que sí, entonces me pusieron como preparador de pedidos.

Me hicieron un contrato de dos meses y me lo renovaron dos veces. El primero de enero de mil novecientos ochenta y seis hice parte de la plantilla definitivamente.

Al principio todos querían ser mis amigos porque era español y tenían la curiosidad de saber quién era yo y qué había hecho hasta ahora.

Es cierto que me costaba expresarme, lo comprendía más que lo hablaba, a pesar que lo había estudiado durante varios años, pero rápidamente mejoré.

 Me entendía muy bien con mi jefe de equipo pero con el tiempo me di cuenta de todas las injusticias y diferencias que habían entre los trabajadores, los que estaban cerca de los jefes (los pelotas) y el resto, entonces como era un hombre de principios y no soportaba esa situación, me acerqué poco a poco de un delegado sindical, de raza negra que se llamaba Mayaos, originario de la costa de marfil en África y a partir de ahí las relaciones con los jefes cambiaron respecto a mí.

Yo comentaba mis problemas a Marly, ella sabía perfectamente lo que sucedía pero en lugar de apoyarme, me decía que yo era un pesado y que todo era mí culpa. Ella y yo nos discutíamos todo el tiempo por tonterías y yo cuando más necesitaba su apoyo, más ella me hundía.

Empezaron a acosarme, meterme bajo presión todos los días sin contar que me ponían más carga laborar cuando lo normal era repartir de manera equitativa el trabajo con todos los preparadores de pedidos. Durante semanas me ejecuté sin protestar, pero a pesar de ello, continuaban sin cesar de pudrirme la vida, yo me dije a mi mismo que no sabían lo que estaban haciendo porque estaban jugando de una cierta manera con el fuego y el que juega demasiado con él, termina por quemarse.

No podía agredirlos físicamente porque eso hubiera provocado mi despido inmediato de la empresa. Yo no conocía la legislación del trabajo francés y por ello me fui a quejar a Mayaos, el tomó parte en el asunto y me defendió.

La situación fue empeorándose de más en más y la tensión era palpable, más que ellos me molestaban más que yo me acercaba a Mayaos hasta que decidí inscribirme al sindicato y me nombraron representante sindical, de esta manera beneficié de la protección legislativa y me acordaron veinte horas mensuales de delegación para poder ejercer mi nueva función.

También asistía a las reuniones del comité de empresa que había lugar una vez por mes o más si era necesario. Poco a poco empecé a tener influencia en la empresa y estudié el código de trabajo para poder defender a los empleados víctimas de abusos y así me gané el respeto de la masa salarial.

La dirección sabía que yo era un hombre inteligente y que representaba una amenaza para su política laboral puesto que podía oponerme junto al delegado sindical y eso les complicaba mucho las cosas. Los jefes de equipo ya no se atrevían a importunarme.

Un nuevo director logístico había sido nombrado, éste con el director de empresa y el jefe de equipo intentaron imponer una política que ponían al personal bajo una presión insoportable, parecía una dictadura y la presión era tan grande que ponían en peligro los empleos de la gente despidiéndolos a la mínima falta.

Mayaos y yo fuimos a quejarnos al director de empresa y éste nos hacía creer que todo se iba a solucionar, pero en lugar de eso, estaban poniendo una estrategia de despido contra los dos.

Las condiciones de trabajo se empeoraban de día en día, establecieron una política de miedo contra los empleados y el material se averiaba de más en más, hasta tal punto que los carros eléctricos con los que los preparadores desplazaban la mercancía para los clientes, no quedaban casi disponibles y los empleados los tiraban a la mano, podían llegar a pesar unos trescientos kilos.

La gente no paraba de venir a vernos para que hiciéramos algo. Fuimos a ver al responsable para que comprara material o lo alquilara, pero la respuesta era que no había dinero para ello.

El director logístico tomó cita con Mayaos y conmigo por separado para despedirnos de la empresa. Durante dos días evitamos lo peor gracias a las horas de delegación que disponíamos, pero veíamos que habían decidido separarse de nuestros servicios, entonces tomamos una decisión radical, porque la dirección quiso hacer creer a los empleados que la situación por la que estábamos pasando era a causa de nosotros dos y por eso decidimos que al día siguiente por la mañana, muy temprano, llegaríamos al trabajo antes que todo el mundo y esperaríamos a los trabajadores para incitarles hacer una huelga, para poder solucionar todos los problemas ligados a las condiciones de trabajo, a una subida de salario y exigir el despido del director logístico y del jefe de equipo.

Así fue, nos plantamos delante de la empresa al día siguiente y empezamos a explicar a la gente que nosotros no teníamos nada que ver con el deterioro de las condiciones de trabajo y que debíamos luchar por nuestros derechos porque si dejaban que nos despidieran, las condiciones para ellos iban a empeorar más y de esta manera conseguimos convencer y tener nuestra primera huelga.

Creo que ese día una vez más Dios me protegió contra algo que parecía inevitable, mi despido.

Nos reunimos todos y apuntamos todas nuestras exigencias y las presentamos a la dirección, obteniendo casi todo, el despido de los responsables, el remplazo de todo el material eléctrico, una pequeña subida de salario,...

Mayaos y yo obtuvimos un reconocimiento de la mayoría de los empleados y de la dirección general de la empresa, que ya no se atrevió más a hostigarnos porque nos temían ahora, pero eso hacía predecir una nueva estrategia de la dirección, la de separar para reinar.

Una mañana Mayaos saliendo para el trabajo fue agredido por uno de los dos hombres que viajaban en una moto dandole varios golpes con una matraca sobre la cabeza, hubieran podido matarlo pues tuvo 17 puntos de sutura. Llego a verlos en la huida pero extrañamente la descripción de ese vehiculo correspondía al mismo de uno de los vigías de la empresa donde trabajabamos que hacía parte de una sociedad privada. Para Mayaos y para mí fue la dirección que ordenó esa acción como represalia y intimidación para el futuro. Uno de los empleados parece ser que oyó la conversación para ese ataque de la parte de un alto responsable. Mayaos no presentó una demanda al juzgado a pesar de las pruebas que teníamos.

La dirección nos había promovido con un aumento de salario, yo había sido nombrado responsable de todos los muelles de descarga en productos secos, refrigerados y congelados, con un tonelaje de aproximadamente de más de trescientas toneladas diarias, además de ello era responsable de los trámites de aduana de todos los vinos llegados de Italia, tenía nueve personas bajo mi cargo y eso implicaba mucha responsabilidad y también, como lo había previsto la dirección, un alejamiento entre Mayaos y yo, los dos habíamos comprendido la estrategia de la dirección.

Desde hacía cuatro años teníamos un problema mayor y era el hecho que durante las elecciones de la empresa nunca llegamos a obtener la mayoría en el comité de empresa y eso nos perjudicaba para poder tomar las decisiones importantes y nos impedía de gestionar el dinero que disponíamos para el beneficio de los empleados. Nunca estábamos de acuerdo con las decisiones porque nunca eran las mejores, siempre se beneficiaban los mismos y no nos permitían ver las cuentas de esos gastos, acusábamos al otro sindicato de estar del lado de la dirección y de beneficiarse del dinero del comité.

Mayaos y yo éramos solidarios el uno del otro, pero es cierto que en realidad yo no compartía siempre su manera de hacer las cosas, pero como él era el delegado sindical, yo no podía que plegarme y apoyarlo, después de todo era un anciano de esa empresa.

Le propuse una estrategia para ganar las próximas elecciones y él las sometió al sindicato pero fue rechazado, es cierto que lo que había propuesto no era muy ortodoxo pero si eficaz.

Eso produjo en mí un rechazo a querer seguir en el sindicato y también de seguir trabajando en esa empresa, entonces propuse a la dirección mi dimisión negociada a cambió de una indemnización monetaria pero me la rechazaron, la dirección quería que yo siguiera en mi puesto porque había hecho un buen trabajo al participar en el nuevo sistema informático.

Durante alrededor de seis meses trabajé haciendo una cantidad de horas suplementarias impresionante, entraba a casa a veces a la una de la mañana y volvía a las siete para empezar mi turno, hasta tal punto que Marly creyó que tenía una amante, cosa que no era cierto.

Ella estaba en cinta de tres meses de nuestro primer bebé, lloraba todos los días a causa de las horas que yo entraba en casa, es por ello que pensaba que tenía otra mujer en mi vida y lo perdió.

Un día me fui a las seis y veinticinco de la mañana y llegué al trabajo a las siete de la mañana. Apenas llegado, un jefe de equipo me dijo que debía volver a casa porque mi mujer había llamado, no se encontraba bien, era extremadamente urgente.

Yo tenía a la época un dos caballos de color verde, normalmente tenía 25 minutos de trayecto pero esta vez los hice en 15, pasándome los semáforos en rojo y los Stop. Tocaba el pito del coche para que los otros vehículos me cedieran el paso, no era fácil porque era las horas de punta y había más tráfico, fue una carrera contra reloj.

Cuando abrí la puerta de mi casa había sangre por todo el pasillo, Marly estaba haciendo una hemorragia y había perdido sus aguas en el baño, expulsando el feto dentro, entonces lo recuperé, y la llevé a la clínica más cercana.

Vivíamos en un apartamento de sesenta metros cuadrados con un balcón espacioso, lo adquirimos con un préstamo, ese piso se encontraba frente a la estación de trenes.

Llamé a mi responsable para decirle que mi mujer había hecho una hemorragia, que habíamos perdido el bebé y que necesitaba una semana para ocuparme de ella porque estaba muy debilitada, comprendió perfectamente la situación y aceptó.

La clínica quería recuperar el embrión para intentar comprender el porqué había pasado eso, pero yo les dije que se perdió en el retrete. En realidad yo lo había recuperado y puesto en una pequeña caja para enterrarlo al pie de un árbol y poniéndole una pequeña cruz. Lloré mucho y ahora mientras escribo tengo todavía las lágrimas en los ojos, quizás sea demasiado sensible, demasiado sentimental pero que le puedo hacer, soy así.

Entré el día antes de la huelga y un año después habíamos doblado nuestra cifra de ventas gracias a la modernización del material y el nuevo sistema informático.

La relación entre Mayaos y yo era más fría y distante, el había perdido la confianza en mí, porque me envestí demasiado en mi trabajo y eso hacía que tuviera mucho menos tiempo de ocuparme del sindicato.

Yo sabía en mi interior que mi tiempo en esa empresa estaba contado, que debía pasar a otra cosa, ya no estaba motivado y el destino había previsto algo mejor para mí.

Lo que propuse a Mayaos para ganar las elecciones, lo puse en práctica, eso hizo obtenerle la mayoría por la primera vez en el comité de empresa, pero me costó mi empleo, lo llamé y le dije: "vote por ti y vas a ganar", así fue. Pocos días después me despidieron.

Trabajé cinco años y medio en esa empresa, pero la progresión me era limitada porque una vez pregunté al director de pagarme una formación de programador en informática para poder cambiar de servicio, pero me lo negó, solo me aceptó un préstamo al uno por cien que me sirvió para comprar un apartamento más grande y ahí se terminó todo.

Necesitaba un nuevo proyecto de carrera, yo no tenía nada decidido, Marly, asociada con su madre, tenían desde hacía tres años una tienda de productos en quesos, vinos,....fue un fracaso total, el señor que nos vendió el negoció hizo trampas en las cuentas para poder vender y recuperar dinero.

Yo quería que ellas presentaran una denuncia delante de un tribunal pero no quisieron hacerlo, así que decidimos reformar la tienda y añadir otras clases de productos como frutas y verduras biológicas o sin tratamiento químico, especialidades en chocolates, panes especiales,..pero a pesar de todos los esfuerzos no llegaban a subir las cifras abriendo siete días sobre siete.

Al poco tiempo, el supermercado que había en el centro comercial, empezó a abrir los domingos entonces ellas empezaron a perder el treinta por cien más, porque era el día más fuerte de la semana en venta. Teníamos una panadería al lado, pero poco tiempo después abrió otra del otro lado del centro comercial y la gente empezó a ir a este nuevo negocio, lo que supuso que no pasaran más delante de nuestra tienda y poco a poco nos olvidaban y eso nos hizo perder más ventas, esto resultó ser la estocada final.

La conclusión fue que ellas trabajaron ocho o nueve años sin salario y además con deudas. Sólo consiguieron hacerse una paga de ciento veinticinco mil pesetas cada una, los primeros seis meses.

Durante todo este periodo y antes del cierre de la tienda, yo había hecho una formación de: albañil, una de pintor decorador y una equivalente a un aparejador con dibujo de planos y arquitectura, obteniendo mis diplomas.

Tuve que hacer dos prácticas de tres semanas cada una, en empresas, la primera la hice en una constructora y la segunda con el tío de Marly que poseía una oficina de proyectos en la construcción y en la cual desempeñé el puesto de aparejador.

Me dio unas 12500 pesetas para comer a medio día por toda la duración de la práctica y me prestó un coche para desplazarme, pero a cada vez que quería poner en marcha el vehículo, primero tenía que dar un golpe con el martillo al motor para poder arrancar con la llave, y si eso no funcionaba, tenía que hacerlo con la manivela, era muy folclórica la situación a cada vez.

El tío de Marly estaba tan satisfecho de mi trabajo que quería que dejara mi formación de albañil y contratarme por aproximadamente 212500 pesetas al mes, pero yo rechacé la oferta porque sabía muy bien que habían muchos que ganaban por lo que yo hacía, a la época, entre 500000 y 700000 pesetas al mes, y además lo que yo quería era crear mi propia empresa de reformas y construcción.

Estuve obligado a trabajar en mi casa hasta media noche después del trabajo para poder poner al día su retraso de seis meses que tenía e incluso le tuve que dibujar unos planos.

Después de la obtención de mi diploma de albañil, me dirigí a una consejera de psicología del estado, pues era obligatorio para la obtención de una formación y le solicité una nueva, de pintor decorador, pero ella me contestó, que no era posible porque yo venía de hacer una y que había gente en las listas de espera. Yo le respondí, que quería ser más polivalente para crear mi empresa y crear empleo, que muchos de aquellos que están en la lista de espera lo hacen para que les paguen todos los meses, pero que no ponían ningún interés y que hacían perder su tiempo a aquellos que realmente se querían proyectar en el futuro y trabajar.

Continuó a decirme que no y yo me enfurecí y le contesté, que con su acuerdo o sin él, yo haría mi formación, entonces decidí ir directamente al centro profesional más próximo y pregunté a la directora si había plazas disponibles y me contestó que sí. Llené un formulario de inscripción y no tenía más que esperar que me llamaran para empezar los estudios.

Mientras esperaba mi formación fui a un foro de empresa a París y puse mi candidatura como capataz de obra. Poco tiempo después fui contactado por una gran empresa especializados en la construcción y en obras públicas y me dieron una cita, a la cual, me desplacé y un acuerdo llegó entre nosotros.

Primero tenía que ejercer un tiempo como albañil, después en el encofrado, jefe de equipo y al final capataz, todo ello en pocos meses.

Apenas cuatro meses después recibí mi convocación para hacer la formación de pintor decorador y decidí irme de esta empresa, porque si me hubiera quedado tendría que estar siempre en desplazamiento y muy seguramente dormir en hoteles y entrar a casa que los fines de semana, cosa que yo no quería.

Durante los diez meses de formación intensiva conocí un chico de veintisiete años llamado Lilo de origen asiático, exactamente de Camboya, nos hicimos amigos. Él tenía muchas habilidades manuales. Durante la formación, fui yo que tenía las mejores notas del grupo, pero al examen final, cometí dos pequeños errores que hicieron de mí el segundo detrás de Lilo, por 0,37 puntos, prácticamente nada.

Sin embargo el día de entrega de los diplomas, el responsable del instituto de formación profesional, me propuso solamente a mí, un puesto de profesor para enseñar la pintura y la decoración a los adultos que quisieran formarse en ese oficio.

Solo había dos condiciones: la primera que debía irme a la ciudad de Toulouse por un año para obtener mi diploma superior en pintura y decoración, y la segunda que durante este año hiciera al mismo tiempo una formación en pedagogía durante seis meses, porque era obligatorio para poder enseñar. También nuestro profesor nos felicitó a Lilo y a mí, porque fuimos las locomotoras de esta formación durante todo el año.

Apenas terminada esta formación, empecé a hacer los trámites para crear mi propia empresa como autónomo en reformas y construcción, obtuve una ayuda del estado para la creación de mi actividad y era obligatorio hacer una formación de gestión donde te explicaban la contabilidad y todo lo que había que pagar como cargas. También me otorgaron cuatro años de exoneración de impuestos sobre la renta y sobre las cargas sociales. El primer año el cien por cien, el segundo el cincuenta por cien, el tercero el veinticinco por cien y el quinto año pagaba todo al cien por cien. Eso me ayudó mucho mientras me consolidaba como autónomo y obtenía experiencia profesional.

Me acuerdo de un detalle que me pareció curioso y que volvería a producirse unos años más tarde, y fue que, el día que fui a declararme un 28 de abril de 1993 la señora me dijo que solo podía hacerlo o con quince días antes o sea a partir del 13 de abril o con quince días después, el 13 de mayo y yo decidí de hacerlo para esta segunda fecha de manera a ganar tiempo para las cargas sociales.

Todo empezó bien para mí, pero unos meses después, tuve un accidente en casa de un cliente que era ingeniero en puentes y carreteras, me caí de una escalera de aluminio a unos seis metros de altura, rompiéndome el peroné de la pierna derecha y arrancándome todos los músculos y ligamentos del codo.

Menos mal que había alguien conmigo, un primo de Marly que había contratado por unos días, me llevó al hospital y me tuvieron que operar poniéndome dos tornillos que me retirarían más de un año después, y me enyesaron la pierna.

Yo me dije que la suerte no me sonreía esta vez, porque cómo íbamos a hacer para pagar todas las deudas que teníamos, puesto que Marly no ganaba dinero en su negocio, solo podíamos aguantar unos pocos meses con mis economías.

Al día siguiente de la operación, yo tenía un medio yeso en mi brazo derecho y decidí quitármelo, y intentar trabajar los músculos abriendo y cerrando la mano suavemente sin forzar demasiado, para evitar que se abriera la herida, de manera que más tarde la reeducación de mi brazo, fuese mínima y más rápida, porque si no lo hubiese hecho entonces la recuperación hubiera sido mucho más lenta.

Me quedé unos días al hospital y tuve que firmar una descarga para que me dejasen salir, y al cabo de un mes o un poquito más, tuve que volver para que el cirujano que me había operado me examinara. Manipulando el brazo me hacía daño, pero estuvo muy sorprendido de ver, que se encontraba muy flexible y móvil, cierto con mucho dolor y me preguntó cómo era posible y le conté que desde el día siguiente de mi operación, empecé a ejercitar los músculos cuidadosamente para impedir que se atrofiaran.

Pasaron unas semanas y yo no tenía trabajo, pero un señor con un joven de unos diecinueve años alquilaron un apartamento al lado del mío. El dueño de ese apartamento era farmacéutico, también era el propietario de su propia farmacia en el edificio en que yo vivía, y empecé a hacer una amistad con ellos.

Un día me propuso de terminar una fachada de una casa grande, al norte de París, pues ese señor tenía una empresa especializada en aislamiento térmico por el exterior de las casas y edificios, yo le dije que nunca había hecho eso y él me dijo que era muy simple, que me explicaría directamente allí lo que tenía que hacer y como lo debía hacer y que me pagaría por metro cuadrado, yo acepté.

En aquel entonces había contratado a mi suegro, porque le faltaban unos tres años para jubilarse. El era taxista pero para tener una mejor pensión necesitaba trabajar como empleado y beneficiarse así, de la jubilación de trabajador porque era más ventajosa que las de autónomos, así que lo contraté.

Esa tarea la hicimos en un mes y medio, a la mitad del trabajo le había preguntado un avance y me dijo que sí, pero nunca llegó. Cuando terminé el cliente me dio a mí el último cheque para entregárselo en persona. Fui a su casa, le dije que antes de dárselo quería que me pagara todo lo que me debía, entonces hicimos los cálculos y me dio dos cheques, uno que podía meterlo inmediatamente y el otro de esperar unos quince días.

Así lo hice, metí mi primer cheque pero al cabo de pocos días me lo devolvieron porque no había fondos, ese señor había desaparecido, solo el joven venía por allí de vez en cuando.

Una vez lo sorprendí, lo cogí por el cuello de la camisa y le dije de pagarme, pues entretanto había aprendido que estaba a su nombre la sociedad, aunque era solo un hombre de paja de ese señor, legalmente era el joven el propietario de la empresa, entonces le obligué a hacerme un papel, diciendo que todo el material que tenía en la nave alquilada en la ciudad, me pertenecía a mí a cambió de la deuda que tenía conmigo. Me hizo el papel y me entregó las llaves para que yo recuperara todo lo que tenían en ese local, y así lo hice.

Un año después me llevé a Marly y a mis suegros a la feria de nuevas técnicas de construcción a la puerta de Versalles, a París, para poder tenerme al corriente puesto que yo era autónomo y mi interés era de aportar a mis clientes lo mejor para poder desarrollarme en la actividad. Al cabo de dos o tres horas en una de las exposiciones nos encontramos con ese señor, estaba allí tan fresco, intentando firmar contratos con avances de dinero para luego desaparecer y no terminar nunca nada, estafaba siempre, esa era su manera de conseguir dinero fácil sin esfuerzos para vivir, era simplemente un sinvergüenza.

Le hicimos un escándalo delante de todo el mundo tratándolo de ladrón y de estafador y pedimos que llamaran a la policía, él se desapareció como pudo y no volvió. Me hubiera gustado romperle la cara pero luego los problèmes los tendría yo, no merecía la pena ensuciarse las manos con ese individuo, después de todo había recuperado mi dinero con material, que me sirvió durante muchos años.

Más tarde tuve otro problema con otra empresa, eran dos socios que montaban ventanas y salones acristalados. Había solucionado algunos trabajos en el cual tenían conflictos con los clientes y estaban contentos de mí, me pagaron todo, entonces continué a trabajar para ellos y un día, el último trabajo que hice, no me remuneraron y no paraba de reclamar el pago, me enviaron a ver para otra labor, pero yo les dije que no lo haría sin que me abonaran primero lo que me debían y que me dieran a cuenta, siempre por anticipado, lo que debía realizar.

La persona que se ocupaba de mi cuenta bancaria me previno que esas personas debían mucho dinero, pues tenían su cuenta en el mismo banco que yo, y me cansé de ir a verlos para el pago, y en el último desplazamiento que hice, viendo que no me retribuían, perdí mi control y pegué un puñetazo sobre su mesa de oficina, se lo tiré todo por el suelo y las secretarias y los comerciales de la empresa empezaron a subir las escaleras para ver lo que estaba sucediendo, los traté de estafadores y ladrones y poco tiempo después cerraron.

Marly y su madre tuvieron que rematar el negocio, pues no llegaban ni a pagar los gastos y se endeudaban cada día más. Fui yo que tuve que abonar el descubierto que tenían en el banco y nos repartimos la alimentación, los vinos, el alcohol etc...

Marly me propuso de tomar el alquiler de la tienda a mi nombre para montar un negocio en lo que concernía mi empresa, pero yo no lo deseaba al principio porque no quería que trabajáramos juntos, ya viéndonos poco, no parábamos de discutir siempre por tonterías, yo no llegaba a dialogar realmente con ella y no sabía tal vez como decirle las cosas, y ella no sabía controlar su fuerte carácter conmigo.

Es verdad que cuando nos enfadábamos el uno con el otro, a los cinco minutos, nos habíamos perdonado, pero también es verdad que yo no soportaba más la situación porque siempre me insultaba y me despreciaba y se daba todos los méritos.

Ella parecía no darse cuenta que hasta presente era yo que pagaba los préstamos, que pagaba los alimentos, los materiales para reformar los apartamentos, los restaurantes , los viajes, los seguros, la ropa,....

Yo tampoco estaba consciente de ello, porque para mí era mi mujer, mi pareja y era normal, entonces me decía que gracias a ella ganaba dinero porque fue quien tuvo la idea de que me pusiera como autónomo y yo no sabía que responder, ¡claro que abriría los ojos más tarde!.

Finalmente acepté frente a su acoso permanente y para no discutir siempre le cedía, pensaba que sus proyectos debían ser también los míos. Me argumentaba que tendríamos más tareas de reformas porque los clientes nos harían más confianza.

La tienda me servía también de oficina para recibir a mis clientes. a cada vez que yo aparecía por el local y ella se encontraba con ellos, no siempre, pero a veces me humillaba delante de ellos haciéndose pasar por la jefe y contradiciéndome, me sentía aplastado y menospreciado, estaba furioso, pero me controlaba y me callaba, ella me decía ¡no debes irte ya!, yo me ocupo.

A Marly le gustaba el contacto comercial, llevaba eso en la sangre, la venta, era su mundo, gracias a mí podía jugar a eso, pero siempre se dio la gloria.

Al cabo de un año compré el local por un precio muy interesante, menos de la mitad de lo que quería el propietario, pretextando que mi mujer le pagó un alquiler durante ocho o nueve años y nunca se hizo una salario y como en ese momento, parece ser que necesitaba urgente el dinero, me aceptó mi propuesta.

También compré un garaje doble más tarde y con los dos que iban incluidos en el local se me hicieron cuatro.

Ganaba dinero pero también tenía muchas deudas, la venta no era importante, lo que nos hacía vivir eran los remiendos y Marly no paraba de invertir en mercancía para diversificar la propuesta porque quería llegar a vivir solo con ella, pero lo único que conseguía era dilapidar nuestras economías y yo con el agotamiento físico, la falta de sueño y el estrés empecé a hacer una depresión, trabajaba seis días sobre siete cuando no trabajaba siete sobre siete.

Yo me sentía de peor en peor y las discusiones eran más fuertes, hasta tal punto, que ella me amenazaba con encontrarse a alguien y dejarme. A veces cogía su coche y se iba, y regresaba unos minutos después, eso me lo hizo centenas de veces, en esos momentos pensaba y esperaba que no iba a volver pero siempre regresaba.

Cuando compré la casa, lo hice porque en el apartamento en el que vivíamos estábamos cuatro, Marly, mi hijo, mi hermana Manuela que fui a buscar a España porque perdió a su marido y no le veía ningún futuro en Cullera, y yo. Llegué a convencerla porque le dije que en Francia pagaban un salario mientras estudiaba y ella me quería, nos quería mucho.

Mi hermana Manuela terminó por casarse con un empleado mío que había formado y contratado desde sus catorce años. A ella también la contraté, los dos trabajaban para mí, era una empresa familiar. Hoy mi hermana y yo nos queremos mucho, es una mujer en todo el sentido de la palabra, puedo contar con ella, tienen una niña que adoro y es muy guapa, inteligente, cuando la tengo en mis brazos me gustaría comérmela a besos, es muy cariñosa, los amo.

Pensaba de más en más separarme de Marly pero eran tantas las deudas, los hijos, el trabajo, la tienda, los compromisos, las responsabilidades,......que me sentía encadenado y en ese momento no tenía ni la fuerza, ni los ánimos para un divorcio.

No teníamos sexo, solo muy ocasionalmente y ella siempre me faltaba el respeto, me aplastaba, me ridiculizaba delante de los demás, me insultaba pero al mismo tiempo tenía la impresión que no podía rehacer mi vida con otra persona, me había acostumbrado a ella y era mi mujer, para lo bueno como para lo malo, porque cuando me casé pensaba que el matrimonio era para todo la vida, pues había tenido también el ejemplo de mis padres y eso hacía que soportara la situación, pero también mi salud se empeoraba poco a poco.

Yo la amaba mucho a pesar de todo, y siempre la perdonaba, a veces me preguntaba Marly si en una próxima vida me volvería a casar con ella, al principio le decía que sí, luego para no ofender, prefería no responder y esquivar la pregunta, pero en el fondo de mí, me decía nunca jamás si eso existía, pues yo no creía en la reencarnación, pero pronto dos cosas me harían cambiar de opinión.

En un viaje de cuatro días que solíamos hacer una o dos veces por año en verano, a los puentes del 14 de julio o del 15 de agosto fuimos al monte Saint Michel, San Malo y Lisieux.

Una vez en Lisieux visitamos la catedral y allí se encontraba una monja, y hablando con ella se me ocurrió de preguntar si la reencarnación existía y su respuesta fue rotunda, me dijo que sí. El hecho de que esa monja me dijera eso me dejó muy pensativo y empecé a dudar de lo que yo creía porque para mí el alma de un ser humano era única y no se podía meterse en otro cuerpo, en el cuerpo de otro bebé.

La segunda razón por la cual me hizo cambiar de opinión fue la siguiente: mi hermano mayor, el policía de Cullera, tenía un problema de salud, su corazón crecía desde los treinta años y a los cuarenta cayó en el coma, había estado esperando un trasplante de corazón pero esto era imposible a realizar, pues entre tanto atrapó una enfermedad y su organismo hubiera rechazado esa cirugía.

Mi madre me llamó por teléfono para decírmelo, me dijo que mi hermano llevaba nueve días en el coma y que los médicos lo mantenían de una forma artificial, clínicamente estaba muerto.

En cada día de mi existencia siempre hablé con Dios, me acuerdo todo lo que pude llorar, se me hacía un nudo en la garganta que me ahogaba y yo empecé a pedir a mi Señor su misericordia, que mi hermano era demasiado joven para morir. Le dije: "mi Padre, si tu le das vida a mi hermano, te juro que leeré la Santa Biblia, antiguo y nuevo testamento, todas las noches antes de acostarme y hasta terminarla desde hoy mismo.

Esa noche empecé a leer y al día siguiente o a los dos días mi madre me llamó para decirme que mi hermano había salido del coma, que era un milagro, que estaba completamente sano, ni siquiera tenía señales de la enfermedad.

Alcé mi mirada al cielo y con las lágrimas de felicidad en mis ojos dije: "te doy gracias mi Señor por haberte apiadado y escuchado mis suplicas, no olvido la promesa que te hice, la estoy cumpliendo y la cumpliré hasta el final".

Y así fue, todas las noches leía la Biblia en agradecimiento y compromiso con mi Dios todo poderoso. Necesité unos dos años para poder leerla por completo, y una vez terminada de leer, mi prima hermana me llamó por teléfono y me dijo que mi hermano había fallecido del corazón.

La pena que sentí fue tan grande que me sentía morir del dolor y de tristeza. Llamé a Marly para que preparáramos las maletas inmediatamente y salir para Cullera porque iban a esperarnos para enterrarlo, teníamos el tiempo muy justo, llegamos con una o dos horas de retraso pero nos esperaron para la ceremonia.

Cuando llegué me encontré a mi padre llorando y me abracé a él, delante de mí se encontraba el ataúd con el cuerpo de mi hermano en su interior, lo miré por unos instantes y volví a caer en lágrimas, preguntándome desde mi interior ¿ porqué mi Señor ?¡porqué!, ¡porqué!, ¡porqué!, ¡porqué!....

Lo llevaron hasta la iglesia sobre los hombros, los hombres del cuerpo de policía vestidos con su traje de honor, en un desfile militar, estaban todos, incluso algunos hombres de la guardia civil, le brindaron sus honores, todo eso me conmovió mucho, tenía destrozado mi corazón, había una multitud de gente, era impresionante, todo el mundo lo quería mucho pues siempre fue un buen hombre. Una vez en su nicho, dentro de mí, le dije:" adiós hermano mío, te amo y que Dios tenga piedad de tu alma, siempre pensaré en ti".

Fue un golpe muy duro para mis padres y para mí, pero aún sería más duro el golpe que recibiría seis meses más tarde. Mi prima hermana me llamó por teléfono de nuevo a Francia para decirme que mi padre había tenido un ataque cerebral y cogí las maletas con Marly y nos bajamos de nuevo, porque yo quería ver a mi padre vivo todavía, por si debía morir.

Al día siguiente de llegar a Cullera fuimos al hospital de Valencia donde se encontraba, Marly le hablaba y le decía: "si usted me oye levante el brazo", y mi padre a pesar de tener los ojos cerrados, levantaba el brazo, y lo mirábamos rascarse, pensábamos que pronto se iba a despertar.

Ese día Marly se quedó a velar con mi madre por la noche en el hospital. Al día siguiente volví por la mañana y cuando llegó la media tarde, nos dijimos Marly y yo : vayámonos a casa a ducharnos y comer algo y luego volvemos, pues se habían llevado a mi padre a cuidados intensivos pues hasta ahora solo lo tenían en una habitación con otro paciente que estaba a punto de fallecer.

Y así lo hicimos, cogimos nuestro coche y salimos. Cuando estábamos por la autovía de Valencia a Cullera pasó un fenómeno extraño pues empezó a llover sobre nuestro coche, no habían nubes, tampoco teníamos vehículos ni delante, ni detrás, ni a los lados y ni siquiera enfrente en sentido contrario, nos miramos y nos dijimos esto es una cosa de locos está lloviendo sobre nosotros y ni siquiera la carretera está mojada, estábamos sorprendidos los dos y apenas llegamos a Cullera a la estación de lavado, pues queríamos limpiar el coche, de nuevo sonó el celular y era mi prima hermana, y me dijo: "Jhon tu padre acaba de fallecer".

Nos volvimos al hospital y cuando estaba en las escaleras oí hablar a dos médicos, un hombre y una mujer, decir: si lo hubiéramos sabido antes que tenía actividad cerebral lo hubiéramos puesto en cuidados intensivos, pues Marly había exigido unos exámenes a los médicos.

En ese momento sentí tanto odio para ellos que los hubiera estrangulado con mis propias manos pero la pena en mí era demasiado grande para reaccionar y me dije que si queremos ser perdonados de nuestros actos también nosotros debemos perdonar los errores de los demás.

Mi padre no murió del ataque cerebral, murió de una pulmonía que atrapó en el hospital a causa del aire acondicionado, con una temperatura demasiada baja que había en la habitación donde alojaba.

En ese momento comprendí que esa lluvia que caía era un adiós que mi padre o unos ángeles nos enviaron para que se despidiera de nosotros.

No paraba de pensar en él y en mi hermano, intentando

comprender lo que me estaba sucediendo, tenía la impresión que todo se derrumbaba a mi alrededor, que el destino se aferró a mí para hacerme daño, que Dios estaba probando mi fe, pero por mucho dolor que tuviera no podría dejar de creer en él.

Tenía la sensación y presentimiento que mi hermano quería contactarse conmigo, que tenía un mensaje para mí y se lo dije a Marly, entonces decidí ir a consultar a un vidente algunos meses después, a alguien que hablara con los muertos y para ello nos procuramos un libro prestado por una amiga de mi mujer que estaba mucho en ese mundo.

Ese libro estaba escrito por una periodista que decidió ir a ver muchos videntes y clasificarlos en sorprendentes, buenos, malos o simplemente charlatanes. Un nombre salió de ese libro, una vidente que estaba establecida en una ciudad cerca de donde nosotros vivíamos. Marly tomó cita con ella y asistimos. En el comedor donde nos encontrábamos estaba repleto de cruces, figuras de la Virgen María y de ángeles.

La primera cosa que nos dijo era de tomar papel y un bolígrafo si queríamos anotar lo que ella nos decía, luego nos preguntó algunas fotos de vivos y de muertos y empezó a darnos los nombres de cada una de las personas que estaban en ellas, eso nos sorprendió mucho porque acertó todo y eso hizo que en nuestros interiores nos preguntáramos quién era esta persona e incluso nos dio los nombres de pila que utilizábamos con ellos.

Luego continuó diciendo que mi hermano estaba con nosotros y tenía un mensaje para mí, dijo que había un hombre con un sombrero de una cierta edad que nos hacía magia negra para que nos fuera mal en la tienda que habíamos creado y que cuando hiciéramos de nuevo la reforma encontraríamos un objeto que no debíamos coger con las manos, teníamos que quemarlo y echar sobre esa ceniza agua bendita. Otro muerto dio otro mensaje para que la vidente me dijera que debía creer en la reencarnación, porque yo no creía y eso debía cambiar.

Me habló de mi futuro con Marly y me comentó el futuro de mi ascendencia, de que debía dejar de preocuparme por la salud de mis hijos porque estaban protegidos.

La vidente me contó de una hermana que había fallecido cuando era bebé y que se llamaba Mery, estábamos bajo su protección desde que se murió.

Esa información me dejó helado porque ella no podía saber lo de mi hermana, excepto si el alma de ella o la de algún difunto se lo hubiera dado. Me anunció algo terrible, la muerte de mi madre en los dos años a venir para que mentalmente me fuera preparando. Yo sé que hay mucha gente escéptica con respecto a los videntes y no creen, pero no podía darme tanta información que nadie conocía si no fuera cierto que hablara con los muertos, no podía que creer todo lo que me decía.

Yo comparto la opinión de que la mayoría de ellos son unos

farsantes pero también estoy seguro que hay ciertas personas que tienen ese don.

Había algo en lo que me había dicho que no concordaba con lo que otra vidente me dijo a los dieciocho años. Esta otra señora decía que en la segunda parte de mi vida habría una mujer morena que vendría a mí, y que tendría dos niños y una niña.

También en mi adolescencia mi cuñada, la primera esposa de mi hermano mayor, me hizo el péndulo sobre la mano y contó que tendría dos niños y una niña y yo siempre creí eso porque así lo resentía. Sin embargo nunca me dijeron que me separaría de mi mujer y que nos dejaban la posibilidad de tener una niña a los dos, si así lo queríamos.

Una vez que adivinó nuestra intención de reformar la tienda le mostramos una foto que Marly tenía en su bolso y nos hizo, sobre ella, un trabajo de magia blanca para contrarrestar el maleficio porque era cierto que la tienda no funcionaba, mi trabajo sí.

Al poco tiempo teníamos personas que entraban en el local y nos preguntaban si era nuevo y nosotros decíamos que llevábamos muchos meses abierto y ellos contestaban que pasaban todos los días por delante y no la habían remarcado, es como si hubiera habido una pantalla delante del negocio que lo volvía invisible.

Cuando finalmente hicimos la reforma, durante el remiendo mi cuñado que trabajaba para mí, hizo caer una caja en el suelo y entre los objetos se encontraba una flecha muy particular, en madera, en la cual había inscrito unos signos muy extraños como de vudú y una frase que decía " Jean faux " o sea "Jhon falso", jhon era yo, era el objeto del mensaje que mi hermano me tenía reservado y como lo dijo, lo hicimos, lo quemamos y le pusimos agua bendita que me había procurado un tiempo atrás, que venía de Lourdes pues Marly y yo fuimos a pasar dos día antes de ir a España.

Fue mi suegra que encontró ese objeto extraño y lo depositó en esa caja.

Todo ello fue la segunda razón de que ahora crea en la reencarnación porque nuestras almas lo hacen para mejorarse cada vez más, en todo caso es lo que yo quiero creer ahora.

Durante mucho tiempo pensé sobre mi relación con Marly y la comparé con la relación que tenían mis padres. Recuerdo las discusiones entre ellos, mi madre le reprochaba muchas cosas y la relación se empeoró hasta tal punto, que hicieron camas separadas durante muchos años.

Mi padre era un hombre trabajador, honrado, llegaba a casa agotado del trabajo, pero no era un hombre feliz, me imagino que le hubiera gustado llegar al hogar y que mi madre lo cogiera en sus brazos y lo mimara un poco para darle la felicidad que cada persona tiene derecho a aspirar, un hogar de paz, un hogar de alegría, de consentimiento, de respeto, de amor, de comprensión.

En lugar de ello se refugió un poco en la bebida y en el tabaco para olvidar el dolor del corazón, de sus sentimientos, porque era un hombre reservado pero le gustaba mucho contar chistes cuando estábamos todos sentados en la mesa comiendo. Muy a menudo le tocaba a mi padre hacer la cena y mucho más durante el periodo que no trabajaba.

Si hay algo que debiera reprochar a mi padre sería que nunca se interesó a mis actividades extra escolares, me hubiera gustado que me acompañara cuando jugaba al fútbol los domingos con un equipo de Cullera o cosas así, pero nunca lo hizo.

Cuando falleció me di cuenta que no supe aprovechar tantas cosas con él, mientras estaba vivo, compartir nos hubiera hecho más felices a los dos, tener no solo una relación de padre a hijo pero también de amigo, de cómplices y eso me faltó y todavía me falta el día de hoy.

En cuanto a mi madre era una mujer trabajadora, llena de fantasía. Mantenía siempre la casa muy limpia y ordenada, casi siempre me traía un vaso de leche con chocolate en polvo a la cama antes de ir al colegio, y los fines de semana me dejaba dormir. Le gustaba cantar en casa, amaba mucho a sus hijos y estaba orgullosa de nosotros pero tenía su preferencia, era su primer hijo, lo encontraba más guapo, más trabajador y me lo decía en la cara, no se daba cuenta que eso podría hacernos daño, pero yo nunca se lo reproché. También decía que mi otro hermano, Luis, trabajaba mejor que yo y Marly siempre se peleaba con mi madre por eso, pues le decía que el más guapo y el que trabajaba mejor era Jhon, entonces se enfadaban. Marly no soportaba más las reflexiones no fundadas de mi madre, la verdad es que tenía razón. Lo más paradójico es que el preferido era su hijo mayor, pero al mismo tiempo, era él que no la soportaba a ella porque estaba harto de los comentarios que ella hacía.

Mi madre durante el periodo que escaseaba el dinero en casa se volvió adicta a las máquinas de juego, pensaba que era fácil ganar, aunque a veces ganaba, no quería reconocer que perdía más.

Cuando mi padre falleció y yo viviendo en Francia tomé un abono mensual para poderla llamar 15 minutos todos los días porque ella se sentía muy sola y por lo menos eso le remontaba el moral, pero siempre se quejaba de mi hermano Luis porque decía que solo venía a casa para coger comida y se iba enseguida, no se ocupaba de ella.

También su hermana venía de vez en cuando pero mi madre siempre hacía comentarios desagradables que poco a poco la iban aislando de la familia.

Mi madre falleció apenas cuatro años después de mi padre y las únicas flores que recibió fueron las que le hicimos hacer con mi hermana y mi hermano, y solamente asistió la familia y algunos amigos que tenía, contrariamente a mi padre que recibió tantas flores que era algo impresionante, asistieron centenas de personas a su entierro porque la gente lo quería mucho, nunca criticaba, ni se metía con nadie y se entregaba mucho a los demás.

Como mi salud se empeoraba por la falta de sueño, de descanso, por las responsabilidades, por las discusiones con mi cuñado por el trabajo, por la relación de pareja,.... Marly se dio cuenta que yo no iba a aguantar mucho más ese ritmo y un día me dijo: "vamos a vender la empresa, la casa, los garajes y para cambiar de vida". Y así lo hicimos, paré la empresa, vendí mis herramientas más voluminosas, vendimos la tienda, la casa, los cuatro garajes y nos fuimos a vivir a Pra loup en un estudio que yo decidí comprar unos pocos años antes.

Antes de adquirir el estudio fuimos de vacaciones a Pra loup y nos gustó mucho y como los precios en propiedad eran interesantes quise comprar el apartamento pero Marly no quería, sentí en mi interior, que era preciso hacerlo, y a pesar de su negativa le dije : "contigo o sin ti lo compro".

Marly viendo mi determinación y como no podía impedírlo me dijo: "bueno de acuerdo pero lo ponemos a nombre de los dos". Ese es el sentido material de algunas personas, buscaba su interés y ya verán que más tarde me lo haría comprender.

Pasamos unos meses descansando y cuando me sentí un poco mejor le dije que teníamos que tomar una decisión, que no podíamos seguir así, que sería mejor irnos a vivir a España y terminar la casa que habíamos empezado a construir desde hacía varios años y además le dije que yo dejé todo por ella y viví en Francia durante veinte dos años y que ahora ella podría hacer ese esfuerzo por mí. Ella aceptó y nos fuimos a Cullera.

Llegamos durante las vacaciones escolares francesas y empecé a trabajar en la casa. Cuando se terminaron Marly se volvió a Pra loup para que los niños terminaran su año escolar y yo me quedé solo trabajando.

A los pocos días tuve un accidente en el trabajo de la vivienda, hice unos taladros en el planché de hormigón de la terraza y empecé a meter los hierros en los agujeros, golpeando uno de ellos con una maceta, hubo un trocito de metal que se desprendió, tenía el torso desnudo y de la fuerza del impacto sobre mi pecho se me hizo una herida.

Cuando miré mi pecho brotaba sangre del agujero, parecía que me habían disparado con un calibre de 22, por unos segundos pensé que así era y que de un momento al otro me iba a caer muerto, pero los segundos pasaban, subí a casa y me metí en la ducha pues necesitaba limpiar toda la sangre en mi cuerpo y continuaba a sangrar.

Me vestí rápidamente y me fui a urgencias al hospital, tenía miedo de perder demasiada sangre y desvanecerme.

Cuando llegué me presenté y les enseñe el impacto que había recibido en el pecho, la enfermera cuando lo vio pensó que había recibido un balazo y se asustó y llamó inmediatamente para que me hicieran una radiografía, me pasaron delante de todo el mundo.

Al cabo de un cierto tiempo salió el médico y me dijo que no veían ningún cuerpo extraño, entonces me desinfectaron la herida y me pusieron un algodón con un esparadrapo. Me volví a casa confiado pero tenía la duda de cómo era posible teniendo ese agujero que no había un trozo de metal en mi interior.

Pasaron los meses y el dolor era intenso, sufría al mismo tiempo como de espasmos pectorales y fui al médico, me hizo pasar una radiografía del pecho y aparecía bien un cuerpo extraño de algunos milímetros, entonces le expliqué mi accidente que tuve y me mandó pasar otra de perfil para ver a que profundidad se encontraba y el resultado fue que atravesó todo el pulmón y se hallaba a unos cuatro centímetros de la columna vertebral.

A raíz de eso me envió para el hospital, al cual yo fui a urgencias para que me viera un cirujano neumólogo, le presenté las dos radiografías y las miró, y exclamó de una manera muy sorprendente y me dijo: "no comprendo cómo ha podido sobrevivir a ese impacto pues le atravesó todo el pulmón".

Verificó la radiografía que me hicieron el día del accidente y se veía perfectamente el trocito de metal, no comprendió cómo no pudieron verlo , habían cometido un grave error que hubiera podido quitarme la vida, pero el Señor no lo quiso.

El neumólogo me hizo pasar un Tac para ver si había complicaciones y el resultado al parecer fue bueno, la lectura fue realizada por una joven, al parecer de poca experiencia según yo, y cuando fui a la cita con ella me dijo que el objeto extraño se encontraba justo detrás del músculo y no había atravesado el pulmón, yo le contesté que eso no me lo creía porque en las radiografías decían lo contrario y ella enfadada me contestó: "aquí la profesional soy yo", y yo le volví a responder que él que leyó la primera radiografía también era un profesional pero se equivocó y que ahora no les tenía confianza.

Ella me dijo que si quería podían operarme para quitármelo pero que la operación era muy delicada, que si el dolor era soportable, sería mejor no tocarlo pues seguramente se hizo una bola de grasa o tejido alrededor del metal.

Mi respuesta fue que prefería esperar la evolución. Hoy me doy cuenta que las personas cometemos muchos errores y que esos errores pueden, a veces, hacernos perder la vida o hacernos infelices y sufrir.

Marly quería que montáramos un negocio para ganarnos la vida y mi vecina, una española que había vivido muchos años en Inglaterra, y que vivía con una amiga inglesa de origen turco el cual su padre fue guardaespaldas durante muchos años de un actor muy conocido según ella y que además tenía una hija, nos dijo que había un local disponible en el centro comercial.

Fuimos a verlo y nos quedamos con dos locales, uno de ellos era una reserva que tenían, pero aceptaron dejárnoslo al mismo precio por un cierto tiempo que una sola tienda y fue así que empezamos un negocio de artículos de regalo y decoración.

Del primer día de apertura, a pesar que había mucha gente, Marly dijo que no íbamos a funcionar y así fue, fue un fracaso total porque estábamos mal situados.

En cuanto se liberó un local frente a las cajas, Marly me propuso de cogerlo para poner la tienda de regalos y que el que vaciamos pusiéramos una tienda de ropa.

Yo le dije que no, que era mejor mudar los artículos delante de las cajas y esperar a ver si funcionaba y si era positivo entonces intentaríamos montar otro negocio en un lugar mejor, pero ella no quería porque si dejábamos el local alguien lo cogería.

Me dio tanto la lata que tuve que ceder de nuevo como de costumbre. Poco tiempo después otro se liberó frente a las cajas junto al mío y lo cogimos para poner la tienda de ropa y abrimos la pared para juntarlas y que hiciera una sola tienda.

Las cosas empezaron a mejorar y conseguimos hacernos un salario. También creé una empresa como mayorista en cinturones de hombre y de mujer, bisutería de fantasía y gafas de sol.

Cada mes aumentamos nuestra cifra de venta pero no duró

mucho tiempo porque el centro comercial fue vendido a otra empresa, la cual no tenía buena fama puesto que pertenecía a un grupo, que según las personas había ayudado y colaboraba con gente no recomendada.

Nuestra cifra bajó de un setenta por cien de un día para otro.

Pensé que el hecho de cambiar de vida, la relación con mi mujer se iba a mejorar pues el estrés sería menor, pero Marly seguía con su carácter excesivamente fuerte, teníamos nuestros altos y bajos.

Mis hijos iban a una escuela privada costosa y poco a poco nuestras economías fundían muy rápidamente, invertimos en montar y desmontar tiendas y en mercancía. La cosa llegó tan baja que tuve que vender un apartamento que poseía para deshacerme de los préstamos que tenía y no tener deudas.

Marly me hizo dos últimas humillaciones y esta vez me dije que sería la última vez, y empecé a inscribirme en Internet, más para tener contactos con otras personas, compartir y tal vez encontrar respuestas.

Todo lo hacía secretamente para evitar toda discusión con ella. Yo sé que moralmente no era correcto pero tenía dudas, miedos y tantas incertidumbres, que preferí adoptar este método, porque tampoco sabía lo serio de los contenidos, ni donde me podía llevar.

Empecé conociendo mujeres latinas y españolas, me parecía divertido porque podíamos decir lo que queríamos sin miedo, pero yo siempre fui muy correcto y muy educado, recibía mensajes de mujeres que querían conocerme, yo los borraba siempre porque pensaba que eran mensajes de empleadas que estaban pagadas para animar el servicio de Internet y entonces no les prestaba atención.

Poco a poco se volvía como una droga, necesitaba entrar y dialogar con la gente que ya conocía, tenía la impresión de revivir, la gente era muy cariñosa y divertida, era como un balón de oxígeno donde podía expresar realmente quien era. Siempre he estado encerrado en el mundo del trabajo y me había dedicado a ello y a mi familia. Internet me permitía compartir ideas, vividos con personas de otras culturas, era una ventana abierta al mundo.

Recibí un mensaje de otra mujer diciendo que quería conocerme pero no di respuesta, sin embargo no sé porqué, dejé el mensaje sin borrarlo como tenía costumbre de hacer.

Marly no se encontraba bien desde hacía ya mucho tiempo y el 27 de octubre del 2008 cayó enferma, hasta tal punto, que tuvo que guardar cama, era el día de nuestro aniversario de bodas.

Al día siguiente, el 28 de octubre, tuve que remplazarla en la tienda hasta que ella se restableciera. En los días que siguieron, Marly tuvo que pasar varios exámenes que llegaron a la conclusión de que padecía de una gran hernia dial atal y una gran úlcera duodenal, entonces empezó a seguir un tratamiento que cada día que pasaba le hacía perder peso, llegó a perder 28 kilos en espacio de tres meses, todo el mundo pensaba que se estaba muriendo porque debía tener cáncer, e incluso ella y yo nos preguntábamos lo mismo.

Ese martes 28 octubre decidí entrar en Internet pues estaba aburrido y abrí la página de encuentros. Me di cuenta que permanecía un mensaje de una mujer que quería conocerme y no sé porqué tuve curiosidad de saber si era serio o no, entonces decidí contactarla por medio de un chat instantáneo y de repente ella contestó.

Fue tal mi sorpresa que tuve miedo y no sabía que decir, pero me tiré al agua como dicen los franceses y empecé a escribirle, ella me hizo una video llamada y ahí aún me asusté más, porque nunca lo había hecho, me arme de valor y contesté.

Mi cámara video estaba encendida pero la suya no, solo podía oír su voz, ella pretextó que no tenía, porque como aprendí mucho más tarde, ese día no fue a trabajar, estaba extremadamente enferma y no deseaba dejarse ver, estaba en la cama y no presentable según ella.

El diálogo entre los dos era fluido, nuestras energías eran compatibles. Ella me preguntó cuál era mi estado civil y le dije separado, es cierto que mentí pero al mismo tiempo no era mentira, porque en mi corazón era así como me sentía.

Ella era divorciada desde unos diez meses, su ex era médico, y un día llegó del trabajo y él se había llevado todos los muebles, dejándola sin nada prácticamente, a la excepción de una vitrina que ella había diseñado para su fabricación, una pequeña mesa y una cama.

Ella me decía que tenía una hija de 18 años, la verdad es que no era cierto, solo la había criado como a su hija pero no vivían juntas, era una manera de protegerse porque no sabía qué clase de hombres podría encontrar por Internet.

Perla era colombiana, trabajaba en un hospital por la mañana y por la tarde laboraba en una clínica privada de mucho renombre. Era una mujer muy activa y extremadamente profesional, sensible, seria, de fuerte carácter y de principios, firme en sus decisiones, sabía muy bien lo que quería pero sobre todo vivía su vida a través de su fe en Dios.

Perla nunca estuvo enamorada de su marido, se casó porque en ese país, una mujer que no estaba casada en esa época no era bien visto, como decían en ese tiempo " se quedó para vestir Santos".

Ella lo respetaba y le era fiel en el matrimonio pero siempre decía a sus amigas y familiares que resentía que nunca tendría hijos con él, que ella tendría una niña con un verdadero hijo de Dios, con un hombre espiritual pues a su marido le gustaba beber y le había sido infiel en varias ocasiones. Todos se burlaban de ella pero su energía lo resentía así.

Perla vivió una vida muy dura, a los 2 años perdió a su padre y a los dos años y medio su madre la abandonó y fue su tía quien la crió, pero lo único que hizo de ella fue convertirla en una cenicienta, haciéndole hacer la cocina para veinte y la faena de la casa desde muy pequeñita, sin contar que estaba maltratada, golpeada por su tía, incluso un día estuvo en el coma porque su tío la golpeó con un martillo en la cabeza.

Las hijas de su tía estaban siempre bien arregladas, no les faltaba nada pero a Perla carecía de todo. A su adolescencia empezó a volverse depresiva de todos esos maltratos, en varias ocasiones intentó escapar de ese yugo pero a cada vez no abortaban, pues la tenían con el miedo, bajo presión, pero su gran fe en Dios le ayudó a salir de sus garras y salió un día a las cuatro de la mañana para Bogotá a cumplir su nuevo destino que el Señor le reservó.

Cada día que pasaba, Perla y yo nos encontrábamos puntos en común y un día estando conversando con ella hubo un incidente en el trabajo, oí todo lo que pasó, tomó la defensa de una paciente de una cierta edad que venía de muy lejos, de la selva, y era pobre, la defendió contra el sistema. Ese día me dije que definitivamente esa mujer estaba hecha para mí. Le envié un correo que decía:

"¡Buenos días mi amor!, no comí casi nada anoche, tampoco he podido dormir pensando en todo lo que nos dijimos. Resuena tu voz en mi cabeza, esa voz llena de dulzura, llena de vida. Tu gesto con la señora para recuperar su dinero fue noble y me ha llegado al alma, ver el amor que le aportaste a una persona que lo necesitaba. Te estoy escribiendo y estoy temblando de emoción con lágrimas en los ojos, porque te abro mi corazón. Hacía tiempo que no me pasaba, pero eso me hace sentirme humilde, vivo y esperanzador. Hay muchas preguntas que pasan por mi cabeza y una de ellas es: ¿me estoy enamorando de ti sin apenas conocernos?¿Podrías ser la mujer con quien siempre he soñado?,¿Porqué me estremezco si no es así?. Nunca creí que a pesar de mi experiencia y la inteligencia que Dios me ha dado podría resentir algo por alguien que no conozco apenas. Lo que sí sé es que la mente es muy potente y que a veces nos hacemos ilusiones y las ilusiones son solo eso. Tengo miedo que toda esta magia que me rodea se desvanezca si un día voy a verte y caiga en una realidad dura de asumir, pero estoy dispuesto a correr el riesgo. También tengo miedo que no resientas lo mismo que yo y en el caso que sí, que también se desvanezca cuando me veas a un metro de ti, porque lo primero que manda es la vista y luego todo el resto. En fin, no porque no sea guapo, si no porque nuestros magnetismos no se atraigan el uno por el otro, pero en ese caso seré siempre tu mejor amigo."

No sé ni cómo ni cuándo empezamos a decirnos mi amor, al principio de una manera cariñosa y luego real. Lo que es seguro es que el amor estaba naciendo en nosotros. A través de este mensaje Perla empezó a enamorarse de ese hombre que pudo enviarle un mensaje tan sincero que salía del alma. No me conocía realmente pero ella era capaz de sentir mi energía y mi energía no mentía.

Pasaron las semanas y yo estaba de más en más atraído por Perla, mis sentimientos crecían, ella me inspiraba y me ofrecía cosas que Marly nunca había hecho, era completamente el contrario de mi mujer y decidí escribir una historia metafórica que reflejaba lo que había vivido y lo que creía que iba a pasar un 18 de noviembre del 2008. La historia la intitulé **"el último mensaje de Dios "** y es la siguiente:

" Había una vez una mujer muy hermosa, su belleza resplandecía como los rayos del sol. Un día decidió pasearse por el bosque, los pajaritos volaban y cantaban todos a su alrededor atraídos por su magnetismo, parecía una diosa encarnada en mujer. Ella sonreía y estaba alegre mientras caminaba, de repente oyó un canto diferente de todos los otros y buscó con su mirada de dónde provenía, y allí posado sobre una rama de un espléndido árbol, había un pajarito multicolor que cantaba y salteaba sin cesar. La bella dama cuando lo vio se enamoró de él, volvió a su casa y construyó una jaula de oro y diamantes, y al día siguiente regresó al bosque para buscar al pajarito multicolor, cuando llegó delante del árbol vio al joven pajarito que cantaba alegremente. En la jaula había puesto comida y agua, y con la puerta abierta llamó al pajarito: ¡pajarito!¡Pajarito lindo! ¡entra en la jaula para saciar tu hambre y sed!. El pajarito atraído por el magnetismo y la belleza de la mujer en ningún momento desconfió, y como tenía hambre y sed, decidió saciarse dentro de la jaula de oro y diamantes, apenas entró la mujer cerró la puerta y volvió a casa.

Todos los días la mujer hablaba al pajarito: ¡pajarito lindo!¡Cómo cantas bien!¡Qué bonitos eres!¡Me alegras los días con tus cantos!. El pajarito estaba alegre porque no le faltaba para comer y beber, estaba enamorado de esta mujer y se encontraba en una jaula de oro y diamantes.

Los días, las semanas, y los meses pasaron, y la alegría del pajarito empezó a convertirse en tristeza, porque recordaba todos aquellos agradables momentos que pasó volando por el cielo, jugando con los otros pajaritos de árbol en árbol, del intercambio de cantos,..........la mujer viendo la tristeza del pajarito le preguntaba: ¿qué te pasa?¿Porqué no cantas?¡Estás en una jaula de oro y diamantes!¡Tienes para comer y beber!. Pero por mucho que la bella mujer le hablaba, el pajarito estaba triste, se sentía solo, no comía, no bebía y murió.

La mujer encontrándolo muerto en la jaula y sin comprender el porqué había estado triste su pajarito multicolor, empezó a llorar, y lloró y lloró durante días sin llegar a comprender.

La bella mujer no tenía fe, no creía en Dios pero como no encontraba respuestas a sus preguntas decidió ir a la iglesia y una vez allí se arrodilló delante de Jesús y le dijo: ¿ Jesús porqué mi pajarito se murió?,¡Yo le daba a comer y beber!¡ Yo le hablaba todos los días!¡ Yo le construí la jaula más bella del mundo en oro y diamantes!¡ Yo lo amaba!. Pero la bella mujer no tuvo respuesta alguna, entonces se fue para su casa llorando.

El señor insufló en la mujer su Espíritu Santo y cuando penetró en ella, la mujer sintió una llama en su interior y en ese momento encontró las respuestas a todas sus preguntas y se puso de nuevo a llorar durante semanas, porque lo comprendió y se arrepintió sinceramente de lo que había hecho.

El señor viendo que su arrepentimiento era sincero y de todo corazón tuvo misericordia de ella y resucitó al pajarito multicolor.

El señor volvió a encender esa llama del Espíritu Santo en la mujer y le dijo:¡ ve al árbol y encontraras a tu pajarito multicolor!.

La mujer cogió comida en una mano y un recipiente de agua en la otra y anduvo en el bosque hasta encontrar al pajarito multicolor y una vez delante de él, extendió sus brazos hasta el cielo y dijo: ¡pajarito!¡pajarito te amo!, ven a comer y beber en mis manos para saciarte porque a partir de ahora ¡yo soy tu libertad!. Ven a mí cuando quieras, yo no te haré nunca preguntas porque ¡ yo soy tu libertad!. Pósate sobre mis manos, mis brazos, mi cabeza y utilízalos como alimento y refugio porque ¡yo soy tu libertad!. Amo tu sangre y cuando digo amo tu sangre, te amo a ti, a tu mujer, a tus hijos y a toda tu familia, mi casa y mi cuerpo son un santuario y en él encontraras amor y paz.

Dicho esto el pajarito voló hacia la mujer cantando alegremente y posándose sobre ella, sació su hambre y sed, y encontró su refugio para siempre. El pajarito multicolor era feliz y sobre todo libre, libre de felicidad y encontró la armonía y el reconfort en un santuario de paz."

Tuve que contar la verdad a Perla, le dije que Marly y yo vivíamos sobre el mismo techo todavía. Ella se sintió mal porque no quiso en ningún momento enamorarse de un hombre que todavía no estaba separado o divorciado, y me incitó a arreglar los problemas que tenía con Marly para volver juntos, que seríamos amigos simplemente y entonces le dije de una manera muy firme: " Perla si no es contigo será con otra, pero yo no puedo continuar mi relación", y le conté lo que había sido mi vida de matrimonio.

El 28 de noviembre del 2008, Perla no podía soportar más la situación que yo vivía con Marly y viendo todo el sufrimiento que yo había vivido, estando completamente enamorada de mí, me dijo: "coge tu metro noventa, tus papeles, pasaporte, permiso de conducir, coge tu ropa si quieres y si no cuando estés aquí te compraré todo lo que necesites, mi casa es tuya".

Oyendo estas palabras me salieron las lágrimas de los ojos, empecé a estremecerme, sus palabras eran sinceras pues era una mujer de decisiones firmes. Segundos después, pero todavía bajo una fuerte emoción, le dije: "a partir de hoy te regalo mi alma y mi corazón". Apenas dicho esto, sentí que en mi interior se encendió una llama, una llama de felicidad y no sé porque mecanismo o milagro empecé a resentir a Perla, leía en sus pensamientos, resentía cuando hablaba de mí con alguien, cuando me criticaba su familia o sus amigos, cuando lloraba porque era feliz, cuando pensaba en mí e incluso cuando me deseaba profundamente.

Yo contenía mi respiración para que esa llama de mi interior no se apagara, tenía la impresión que el Espíritu de Dios se había posado en mí, como para decirme ese es el camino que debía seguir.

Me sentía tan feliz, pues a pesar que habían pasado varios días, seguía esa llama encendida en mi interior, noche y día, no me quitaba para nada, estaba seguro que era la mujer que yo tanto había esperado y que con ella encontraría la verdadera felicidad que cada pareja se merecía.

Un día le dije a Marly que ya no la quería y que me iba a ir, que le dejaba todo lo que poseíamos. Ella se puso a llorar, no comprendía lo que le estaba sucediendo, nunca se imaginó que algo así podría pasarnos. La verdad es que yo amaba a Marly pero también era cierto que no soportaba más su manera de tratarme, que me sentía morir a poquito fuego y tenía la necesidad de huir antes de que fuera demasiado tarde, era un caso de supervivencia.

Es cierto que seguramente estaba depresivo. Conociéndola bien y para que no se sintiera responsable de nuestra separación, del fracaso de nuestro matrimonio y como tenía miedo que cometiera una locura, preferí que pensara que era yo que había perdido la cabeza, y para que creyera eso le dije que me iba a ir con una O.N.G. para ayudar aquellos que podrían necesitarme.

Ella no paraba de hacerme preguntas llorando sin cesar, me decía que necesitaba ayuda, que debía ver a un psicólogo, que eso no podía ser, que me amaba mucho pero viendo que mi decisión estaba tomada cambió de táctica para intentar hacerme cambiar de opinión y para impedirme de que me fuera, me dijo que se iba y que llamaría a sus padres para decirles lo que estaba pasando y que se llevaba a nuestros hijos, quería que me quedara en las tiendas trabajando y hasta cogió un cuchillo de cocina para quitarse la vida delante de los niños y yo tuve que impedírselo. Intentó envenenarse tomando puñados de pastillas e incluso me dijo que yo seré responsable de su muerte y la llevaré en mi conciencia el resto de mi vida.

Como Marly estaba enferma y yo no podía irme así, dejando a mis hijos en manos de ella, casi sin dinero, le propuse de liquidar la mercancía de las tiendas para recolectar el máximo y que de esta manera podría volver a Francia, que le ayudaría a instalarse y luego me iría.

Prometí a Perla ir a finales de enero, de conocernos, yo no la había visto nunca con la cámara video, solo en fotos que me mostró por la ventana de su correo y que me envió por medio electrónico, me había enamorado de su interior, de su forma de pensar, de hablar, de su voz, de su manera de reír, de su gran corazón, de su filosofía de la vida, de la paz que transmitía cuando hablaba, del respeto de los demás, de su fe en Dios. La sentía muy humana y pícara al mismo tiempo y eso me gustaba pero nunca me ofendió, ni me insultó.

Marly descubrió mi relación con Perla porque inspeccionó mi teléfono y encontró el número de ella y llamó a Colombia, la amenazó con matarla. Cuando llegué a la tienda después de ir a buscar a mis hijos a la piscina, me hizo un escándalo delante de ellos y confesé la verdad. A partir de ese momento, todo fue un infierno.

Marly empezó a acusar a Perla de todo, decía que debía hacernos magia negra, era por eso no trabajábamos, que entraba en nuestros ordenadores, que solo quería papeles para venir a Europa e instalarse, que me manipulaba,...... hacía todo lo que estaba en sus manos para hacerme dudar de ella y de su amor por mí.

Es cierto que me hizo dudar, porque intentaba traerme pruebas para mostrarme que ella tenía razón, y yo como estaba frágil psicológicamente, lleno de preguntas, de temores y no era capaz de tomar decisiones, y algunas cosas que me decía parecían verdaderas porque pasaban cosas extrañas que me retenían cerca de ella, pero en el fondo mi corazón me decía que nada de esas acusaciones eran ciertas, que tenía que tener confianza en ella, que lo nuestro era sólido y sincero.

Perla y yo nos escribíamos muchos correos electrónicos:

20/11/2008 Jhon

Puedes creerme, eres la única que le digo que la amo, porque has sido la que me abriste tu micrófono y tu corazón, hasta el punto de que si Dios quiere y si tu quieres, llegue a tener la suerte de ser tu hombre hasta que la muerte nos separe. Te quiero.

21//11/2008 Jhon

Yo sé que no debe ser fácil conquistar un corazón como el tuyo, pero mis sentimientos por ti son sinceros. Eres una mujer muy madura en tu cabeza debido a todo lo que has soportado desde tu infancia y a tus responsabilidades. Recibes a gente que sufre y tu corazón está abierto para ellos, y eso te obliga a tener fuerza para soportar el sufrimiento que les compartes, pero tampoco debes olvidar que eres una mujer, una persona, y que los dolores son más fáciles a soportar a dos. Me has abierto tu corazón y ni yo, ni nadie, tenemos derecho a traicionarlo o hacerle daño por muy fuerte que seas o por mucho que puedas perdonar. Me halaga el hecho que pienses en mí y que he sido capaz de tambalearte, de hacerte que te hagas preguntas o del hecho que te sientas hechizada por magia, la verdad es que hay sentimientos que se despiertan en ti, y eso es el amor que poco a poco va invadiendo todo tu ser, nacimos para amar y ser amados, no hay que tener miedo como me decías, porque necesitas amor tu también, no puedes ser diferente de los demás porque Dios nos creó todos iguales, podemos ser más o menos especiales pero no diferentes en lo esencial. Si no abres tu corazón no podrás saber nunca lo que es la verdadera felicidad que el amor te procura, y sin felicidad, sin amor, sin ilusión ¿crees que merece la pena de vivir?. No somos máquinas frías que ejecutan labores sin hacerse preguntas, somos personas con sentimientos necesarios para buscar la felicidad, claro que cometemos errores, claro que sufrimos ¿pero es por eso que debemos dejar de amar, de buscarla, aunque corramos el riesgo de volver a sufrir?. La respuesta es evidente, no podemos dejar de buscar, aunque corramos el riesgo de volver a sufrir porque hemos nacido para eso y hay siempre un riesgo. Lo que debemos hacer es asegurarnos de limitarlo pero continuar a existir. Yo no tengo ningún derecho de preguntarte de esperarme a que venga hacia ti, porque la vida da vueltas y no sabemos siempre que camino será el bueno, lo que sí sé es que voy a intentarlo lo antes posible, antes que sea otro que se lleve tu corazón. Amo lo que eres, amo tu voz, amo tu alma, amo tu inteligencia, amo tu escucha, amo el tiempo que me dedicas cada día.

23/11/2008 Perla

Hola cariño, buen día, espero que este mensaje no lo borre como he hecho con los demás. Me dejaste muy sorprendida con tu escrito, es muy profundo y hermoso, no sé si es parte de tu libro

o ensayas tus poemas, pero nunca pensé que pudiese despertar algo en ti, en un hombre tan grande que no le puede penetrar algo sensible, como aquel barco tan gigante, que a pesar de su tamaño se sumergió en sus aguas que lo sostenía algunas veces.
Estaba un poco pensativa, al saber que habías escuchado mi defensorio ante aquella señora, triste, que llegan unos avispones, aprovechar su inocencia. Imaginaba que te había producido mala impresión ante mi reacción, incluso me dije:" Jhon no querrá saber más de esta amiga exigente" pero al leer tu conclusión, me halagas.
Mañana te contaré el resultado de este tema, fue hermoso, lo haré verbal, si me lo permites.   .
Con lo que me escribes que deprisa quieres arriesgar en venir, ¿estás de broma? ¿o lo dices en serio?, pero que te da miedo al pensar que físicamente no exista el gusto. Dices " todo entra por la vista, lo demás llega"..... pues respeto tu punto de análisis, pero en mi caso soy diferente, todo entra por mi alma, lo demás se compone o igual me da.   .
Soy una mujer que me amo y me apruebo, con algunas cicatrices, pero no hermosa social, con aquellas medidas que alguien asignó algún día y se apoderó del mundo, el ser femenino perfecto es: de edad hasta los 25 años, con 90-60-90, estatura 1,70, peso 50 kilos o el hombre ideal es: 30 años, 1.80, abdomen de chocolatina, cuerpo atlético, soltero y millonario.   .
Eso no va conmigo, me interesa descubrir en mi hombre perfecto, su pensamiento compartido con sus emociones: mente-corazón, además amo su sangre, no su individualidad.   .

Con lo que dices de mis masajes: los realizo a toda persona que lo requiera: mujeres y hombres, no son manos de oro, son de suavidad cuando lo requiero o de firmeza si lo amerita. Me gusta consentir el santuario humano (cuerpo), cuidarlo ya sea el mío o el que lo solicita. Lo hago con entrega y seguridad.
Sabes nunca pensé que escondieras dentro de ti (en un Sansón) tantas valiosas y perfectas cualidades, ahora veo en ti, un hombre sensible, noble, sincero, humilde, romántico, tierno,... pero me diste la oportunidad de verlas ese viernes 21-11-08. Me emociona cuando encuentro tus correos, son los primeros que leo, y repito hasta dejarlos grabados en mi ser.
Gracias, te extraño mi vida, espero que corra este día pronto, para poderte escucharte. ¡ si quieres !. Atentamente, tu amiga Perla.

24/11/2008 Perla

Hola mi Jhon, he regresado de mi reunión muy productiva, me han otorgado una placa "al mérito de consagración" ésta fue por encuesta a los pacientes y fidelidad a mi labor. Esa era la insistencia de mi presencia, nunca voy a estas juntas. Les agradecí mucho, pero les dije: " mi mayor premio es que ustedes como directivas de tan prestigiosa compañía de medicina, se entreguen con humanismo a todo aquel afligido por su enfermedad".
Lo primero que he hecho es buscarte como abeja a su panal, pero ya te habías marchado, recordé que visitabas unos clientes(as) o proveedores, veo nuevos mensajes y leí sólo los tuyos y te doy

respuesta.

Lo que escribes es muy estremecedor, llega a mi sangre como energía viva, para vibrar aún más, y saber que encuentro seres íntegros, a pesar de millas de distancia. Esto se lo agradezco a mi Padre Celestial por brindarme este regalo, tu amistad. Espero que me tengas en tu lista de buenas amigas y me des la oportunidad de conocerte y ser como una esponja, absorber todo lo bueno de ti, claro que tienes mucho por enseñarme, no te imaginas cuanto.......eres ese gigante que creí que por dentro eras tan vacío como nube sin agua, pero me he equivocado, y lo reconozco, me tienes derretida con todo lo que me cuentas, gracias por tu confianza, por tu tiempo, por tus mensajes, por regalarme las mejores y bellas joyas que una mujer como yo puede tener.

Te extraño. Perla.

24/11/2008 Jhon

¡Hola mi amor!, me he reído con tu broma y la comparto, pero todo eso, solo contigo estoy dispuesto a disfrutarlo. Hoy me has dado una lección de moral impresionante, yo no tengo nada que enseñarte en ese dominio pero tú a mí sí y te lo agradezco, porque quiero ser humilde para sentirme bien. Tendría que nacer varias veces para llegarte a los tobillos, yo solo puedo darte amor, fidelidad y compañía. No cambies nunca, me doy cuenta que debía haberte encontrado antes para poder haber sido un hombre feliz, hay un proverbio que dice: "más vale tarde, que nunca", si eso pudiera ser realidad mi vida al fin tendría sentido. No sabes hasta que punto me haces estremecer, tu sabiduría es infinita pues tus consejos son sabios. Abres tus brazos al mundo y el mundo te lo devolverá, eres generosa pues eres la generosidad misma encarnada, no creas que te hago estos elogios por hacértelos pero lo pienso sinceramente. Yo soy un granito de arena delante de un gigante, empiezo a preguntarme si soy digno de ti, pues no quisiera nunca hacer daño a tanta nobleza, a un alma tan pura, a una persona tan perfecta, pero de esa perfección quiero aprender y beber para sanearme, para salvarme ¿soy egoísta?. Si quieres de mí, seré tu aprendiz, tu servidor, te cuidaré, te mimaré, te adoraré como persona. No me cansaré de mirarte nunca porque eres la cosa más bella que un hombre puede soñar.

Me voy a comer aunque no tenga apetito, en este momento mi alimento eres tú, luego tengo que irme directamente pues me están esperando, espero verte, o esta noche hacia las 21h00 o mañana por la tarde, con cariño muchos besos, Jhon.

25/11/2008 Jhon

Hola bebé, cuando veo tus manos reflejan el interior de ti, me dicen la clase de persona que eres, al igual que tus ojos, me dicen que eres una persona recta sin malos rollos, que sabes lo que quieres como lo que no quieres, que eres sincera, noble, dulce, apasionada, que puedes ser una mujer de mucha clase si te lo propones, como puedes adaptarte a los demás, a su nivel, pero siempre con el corazón por delante, que eres una persona sana en todos los términos y que no haces nunca marcha atrás cuando has decidido algo, tus manos parecen ágiles y elegantes, fuertes y fieles. Todo ello me inspira la confianza, la tranquilidad y sé que se puede contar contigo, siempre que la causa sea noble, no soportas la injusticia como yo y sobre todo cuando amas, amas de verdad. Por todo eso y más, te amo yo, mi amor. Jhon......

26/11/2008 Jhon

¡Buenos días mi amor!, siento mucho lo sucedido ayer, mis pensamientos no me han dejado dormir, he pasado una noche en vela porque solo el pensar, que a causa de no haber sabido interpretar tu mensaje de amor, he causado en ti un malestar, porque pensabas que me habías ofendido, incluso tus compañeros notaron tu indisposicion. Lejos de mí de quererte hacer algún daño, no te mentiré nunca porque eso sería la muerte de este amor naciente en mí. Me sorprendes de más en más, he comprendido que has sufrido mucho en tu vida y es lamentable que las personas sufran, pero al mismo tiempo han hecho de ti el ser que eres, la cosa más bella que nunca he visto, tu energía, tu sinceridad, tu frescura, tu amor, tu sensibilidad, tu inteligencia, tu comprensión, tu escucha a los demás, tu tiempo que dedicas a todos, eso y mucho más, eres tú. Yo me he enamorado de esa persona, cuando te dije que quería ser egoísta y guardarte para mí, no quería decir que cambiaras, debes seguir siendo tú esa persona de la que estoy enamorado, no cambies, continua a dar amor como lo haces, lo que quería decir era de ser yo tu hombre, él que te acompaña por la senda de la vida, él que comparte tus noches, tus sufrimientos, tus dudas, él que te cuida cuando estas enferma, él que te mima, él que se ríe contigo, él que te protege, él que envejece al lado de ti. Ese es mi egoísmo, ningún otro. Yo no soy una persona que quiere manipularte, transformarte en algo que no seas tú, solo quiero compartir el resto de mi vida con el ser más extraordinario que encontré. He estado hablando con mi amiga argentina ahora, hace cinco minutos, y le he hablado de ti, de lo enamorado que estoy, de quien eres, y me ha dicho que estaba hipnotizado por ti, que se veía que estaba loco de amor, que estaba excitado y lo que más me ha afectado es que me ha dicho que me lo merecía, que yo era alguien de bien. Yo dudo de ser digno de ti y ella me dice que soy como tu eres, alguien digno también, me ha llegado al corazón. Te quiero.

26/11/2008 Perla

Buenos días mi amor, espero que no te desveles tanto, gracias por tu mensaje, si no es porque ya te aprendo a conocer, no te creería, pero te siento tan sincero, tu energía no sabe mentir, por ello soy afortunada de que Dios te acercara a mí y solo él sabe hasta cuándo me permita estar a tu lado, tan leal y firme. Lo que si tengo presente es que esa fecha del 21-11-08, nunca la olvidaré, estos días han sido magníficos.

Son tantas cosas que quiero contestarte, pero mis manos se encogen de tanta emoción, imagina mi corazón como actúa ante ti.
No sé cómo puedo agradecer tantas riquezas que me has aportado, solo dímelo, y trataré de recompensar tu comportamiento tan especial conmigo.

No sé si con todas tus amistades eres así, pero si lo eres estás lleno de loquitas a tu lado......jajaj.
Quiero que cuentes conmigo, cuando lo necesites, quiero ser tu almohada, para que descargues tus lágrimas en mí, quiero ser tu abrigo para que fijes el frío en mí,
quiero ser tu luz, para que guardes tu oscuridad en mí, quiero ser tu alegría, para que dejes la tristeza en mí, mejor no sigo.......para que entres en mí,
Hasta pronto bebys, atentamente, Perla.

26/11/2008 Perla

Muñeco quiero que escuches muy bien esta canción, yo la llamo " te agradezco Señor" y mil cosas más.
Te extraño como el agua al mar, te pienso y te abrazo en este momento de vigilia, te veo dormir, plácidamente. Bye
Trataré de buscarte temprano si puedo.

27/11/2008 Perla

La palabra de "te amo es muy grande" y sé que no la pronuncias, no te la he escuchado, pero igual me derrite.
Yo quisiera que el ser humano encuentre la felicidad dentro, esa será mi misión contigo amor.....

27/11/2008 Jhon

Te he enviado 4 fotos, para que sepas que tengo confianza en ti, y quería que sepas donde vivo. He puesto 10 años para construirla y me lo he hecho casi todo yo, trabajaba cuando venía de vacaciones, o sea que no tenía, pero estoy orgulloso del trabajo realizado. Salí de una familia de agricultores, pero mis padres se fueron a Valencia para encontrar trabajo, unos años después de terminar la guerra civil española, eran tiempos duros pero prometedores, tengo tantas cosas que contarte que no sé por dónde empezar, quiero atrapar el tiempo perdido contigo porque creo que nos merecemos todos de ser felices. Besos, espero que hasta luego.

27/11/2008 Perla

Amor, mi bello amor, la oración profunda lava y desinfecta nuestras heridas. Eres grandioso.

27/11/2008 Perla

Siendo las 3h00 de la mañana, hora tuya, doy respuesta con mi alma abierta a tan excelentes mensajes.

Quiero agradecer tu confianza, en mostrar tu palacio hecho con tu amor, con tu ilusión, con tu esfuerzo, definitivamente es un castillo donde refleja todo de ti, perfección..... Te felicito por tu arquitectura física.

Pero ahora le pido a mi Señor que seas arquitecto de tu ser interior, para que puedas disfrutar de tus maravillas, de tu felicidad, de tu alegría, de que todo lo que desees lo encuentres primero dentro de ti y así lo puedas reflejar al mundo. Esa es la riqueza más apreciada.

Cuando me dices "tengo tantas cosas que contarte" me llenas de paz y me siento privilegiada, de saber que un hombre como tú, desea contarme tus trazos vividos....gracias amor.

"Quiero atrapar el tiempo perdido contigo " que frase tan poética, eres genial mi Jhon.

27/11/2008 Perla

Buena noche mi Quijote, deseo ser tu paracaídas, ¿me lo permites....?

Amor: hoy me preguntada a qué hora nos hemos compenetrado tanto, cómo fuiste capaz de meterte en mi mente, si eres tan grande, cómo es posible que te veo hasta en mis sueños. Pasé por urgencias y me diagnosticaron: Jhoncitis crónica, los medicamentos deben ingerirse tres veces al día, verte en la mañana, al medio día y al despedirse el sol, pero esto es por vida, es una enfermedad terminal.

Debes tener cuidado con este virus, no lo estés regando por ahí,

mira como me tienes con tu contagio, jajajajaj.
Te extraño, trataré de conectarme temprano, sólo me dejaste un tis de mensaje.

28/11/2008 Perla

Escucha la voz de mi corazón, diciendo: "Jhon te quiero".

28/11/2008 Perla

Doy gracias a mi Padre por permitir tener un hijo puro como tú, has ingresado a su mundo, y a su filosofía.
Amor antes de salir a mi fiesta por la despedida de zona, quería escribirte tantas cosas, que espero que pueda hacerlo. Hoy es un día maravilloso, la emoción aflora en mí, porque tengo un nuevo sentimiento, me has enredado como un remolino, aún me pregunto cómo me destapé tan profundo a ti, nunca lo hago, prefiero que piensen que soy como las demás mujeres, y ya. Ya has descubierto quién soy en realidad, y no pienses que en mi mente está hacerte daño, nunca mi amor, ni a ti, ni a nadie, sería como hacerlo a mí misma. Cuando me dices: " no me llames a este número, porque me pones en problemas", para nada bebé, sólo haré lo que dispongas, sin preguntas, sin reproches, sin explicaciones, puedes tener la vida que desees, al fin y al cabo estas a miles de millas, y sé que el hombre es muy débil, cuando tengas sexo, cuídate, puedes tener la relaciones que quieras, pero con responsabilidad.
Amor te quiero, y deseo que lo sientas, que estoy aquí para ti, y

que cuentas conmigo, pase lo que pase entre los dos, como dices lo peor que nos pueda suceder es que seamos los mejores amigos.

Hoy viernes 28-11-08 me has dejado en silencio, tus palabras llegaron a mi sangre y circulan junto a ella.

Amor quiero que escuches mi poema, es lo que busco, "busco alguien. Ya me voy a mi compromiso, te tengo en mi pensaient. Te busco a las 10h00 am tu hora por si puedes, o si no te estaré esperando el lunes 1 de diciembre, igual cada día te dejaré mensajes mientras estemos juntos. Eternamente, si lo dispones, atentamente Perla.

29/11/2008 Perla

Cielo mío estoy tan feliz contigo, que no me cabe la dicha, esta es la vela de nuestro amor, y cuidaré de ella para que nunca se apague. Cultivaré esta linda relación hasta donde tu me lo permitas..... y tu respondas a ella.

Te quiero mucho, quisiera que estuvieras aquí compartiendo con mis invitados, los dejé tomando cerveza.

Mañana también tengo otra familia invitada y así sucesivamente cada fin de semana.

Te extraño, el estar sin saber de ti es difícil, espero escucharte pronto.

29/11/2008 Jhon

Te tengo en mi mente y en mi corazón todo el día, a cada instante, porque solo respiro por ti, tu eres mi aliento y solo me siento en paz cuando hablo contigo. Hoy te quiero más que ayer pero menos que mañana, tu esposo que no te olvida, te quiero con toda mi alma y anoche soñé lo dulce que es hacer el amor contigo, te sentí en mí.

29/11/2008 Jhon

Nosotros haremos que todos los días sea el fin de semana. Te amo.

29/11/2008 Jhon

Soy feliz contigo amor, y desde ayer te entregué mi corazón, mi fidelidad, porque te considero que eres mi mujer, solo mía, si aceptas mi corazón. Yo quiero el tuyo, y quiero tu fidelidad. No hay nada más importante en este mundo, en este momento que tú, junto con mi familia. Te amo Perla, no tendré sexo con nadie porque no me importa, lo quiero tener solo contigo y esperaré hasta que este junto a ti. Besos amorcito.   .

30/11/2008 Jhon

Mi amada esposa, que alegría siento cuando veo los mensajes que me has enviado, lloro de alegría de ver que mi amor por ti me lo devuelves con creces y resiento dentro de mí una felicidad que llena todo mi ser y me hace estremecer, porque siento todo lo que tu sientes, cuando piensas en mí, una llama se enciende en mi interior, cuando me deseas siento tus caricias, siento que un amor como el nuestro solo existe cuando dos almas son gemelas, cuando están en armonía y Dios lo sabe, lo permite y pone los instrumentos necesarios para que llegue ese momento de felicidad pura, que nada, ni nadie puede frenar porque es su voluntad y la voluntad de Dios debe cumplirse. Vida mía yo solo soy tu amado, tu servidor, aquel que va compartir tus sufrimientos, tus alegrías, tus deseos, tus dudas, tus angustias pero que estará siempre firme delante de ti para sostenerte, para que no te fallen nunca las fuerzas, soy aquel que es tuyo en cuerpo y alma, en corazón, aquel que te cuidará siempre, que te amará, que te dará placer hasta que te estremezcas y no puedas más, aquel que te deseará lleno de pasión, aquel que querrá un hijo o una hija tuya si lo deseas, porque yo también lo anhelaré, todo eso y mucho más mi amor. Sé que Dios ha puesto su mirada en nosotros porque nuestro amor es sincero y puro, y nuestras almas son perfectas para él. Te quiero para siempre, tu marido.

29/11/2008 Jhon

Mami, sé que a veces te hablo como un niño, pero es así como me siento en estos momentos contigo, lleno de felicidad, de esperanza. Habría hombres que darían fortunas por sentirse como yo me siento, con gozo, alegría, lleno en todo mi ser, porque contigo puedo expresar lo que resiento, sin avergonzarme, porque crees en Dios. Esta mañana comprendí

algo, cuando pregunté a mi Señor desde pequeño que me diera una mujer que fuera de tal y tal manera, él me lo concedió, pero ahora me doy cuenta que lo que le Pedí me alejo de él y aún así lo hizo, pero desde que te conocí he realizado que no pregunté lo que debía pero ahora lo tengo contigo, eres perfecta para mí.
.

30/11/2008 Jhon

Te busco y no te encuentro, a cada vez que quiero hablarte y que no puedo, me desespero, se me hace un nudo en mi estómago. Sé que estas ocupada, pero me gusta tanto estar contigo que se me hace la vida por imposible, no poder escuchar tu voz, esa voz que me entra por los oídos y se expande por el resto de mi cuerpo, hasta mi corazón, hasta mi alma. Un ser amado nunca se siente solo, pero la ausencia de ese ser es terrible para el que espera. El amor mueve montañas, mueve ríos, pero si el amor no recibe amor, se apaga y apaga a la persona que está a la espera de recibirlo. El amor si no recibe amor, muere y a veces muere para siempre. **Yo quiero darte amor y espero recibirlo, sino me apagaré como la llama de una vela que no le queda materia para seguir encendida y termina por morir. Te amo mi amor**.

1/12/2008 Jhon

Hola Perla, mi amor estoy triste esta mañana, ayer hubo nuevas discusiones con mi mujer hasta las 02h30 de la mañana, ha comprendido que esta vez me ha perdido y no soporta la idea de que me voy a ir unos días en enero. Me ha dicho que hablo como Dios y que mi Dios no existe, quería saber a dónde pensaba ir y yo no le he contestado, solo le dije que me iba donde mi corazón me reclamaba. En ningún momento he levantado la voz, me he dado cuenta lo que he sufrido una vez más, **me construyó una jaula de oro para encerrar mi cuerpo y puso diamantes para confundir mi espíritu.** Cariño no he olvidado de escribirte mi historia del pajarito, lo que quiero es escribirte de mi puño y letra para dedicártela y enviártela por fax y luego la daré a mi hermano para que la lea en las iglesias a la comunidad que pertenece y la enviaré al mismo Vaticano a Roma para que la lea el Papa, porque ese mensaje es un mensaje universal y es la prueba de mi amor por la mujer que quitó mis cadenas, que permitió que mi espíritu se despertara y se alzara hacia Dios. Esa historia dará la vuelta a la tierra porque es un mensaje de amor, esperanza y libertad.

02/12/2008 Jhon

Mami, te quiero. No tengo los resultados de mi Tac, espero que me llamen del hospital. Mañana tengo cita con el médico para el resultado de mi análisis de próstata, simple control. Perla tengo muchas ganas de cogerte entre mis brazos, besarte tiernamente, al mismo tiempo que el fuego de mi pasión te devoré poco a poco hasta el último rincón de tu cuerpo. Te deseo porque te quiero, es la única manera de entregarme a ti totalmente, si no podría hacerlo, quiero darte lo mejor de mí, mi sensualidad, mi sensibilidad, mi pasión, mi dulzura, mi amor, mi respeto, créeme no podrás resistirme, quiero de esta manera sacar de ti lo mismo, para fundirnos en uno solo y cada momento que pasemos juntos sea inolvidable, y no queramos que cese nunca. No olvido lo que me has prometido si te envío fotos mías, ahahjajaj, Esto promete de ser tórrido, tengo ganas de ver a mi mujer de una manera más sexy, muero de impaciencia, tu amado para siempre.

03/12/2008 Jhon

Mi amor, me dices que solo piense en mí primero, quiero que sepas que cuando pienso en mí pienso en ti, porque tu eres el oxígeno de mis pulmones, eres mi alma, eres la sangre que corre en mis venas, eres mi aliento, eres mi alegría, mi ilusión, eres mi esperanza, eres mi terapia, eres el instrumento que me liga a Dios, si me quito todo esto no me queda nada, solo el vacío, te necesito para existir. Tu esposo amado Jhon.

03/12/2008 Perla

Príncipe, espero saber pronto de ti.......ánimo, recuerda que todo es aprendizaje divino....te extraño.

04/12/2008 Jhon

Cariño las palabras en nadie se cruzan por azar, son casi justas, sensatas, llenas de amor y buen sentido, así que esperanzadoras, pero no olvides algo muy importante, tu destino puedes escribirlo tú, si es lo que quieres de verdad y de eso, ese texto no habla. Pienso en ti sin cesar y te extraño mucho.

06/12/2008 Perla

Amor mío, no te imaginas cuantas veces leo tus mensajes, son para mí mis tesoros más cuidados, los tendré hasta cuando estés conmigo......no me soporto sin ti....... necesito de tu respiración para fundirla con la mía.......esposo mío te deseo...

06/12/2008 Perla

Buenos días mi Pegaso libre, no te preocupes, entiendo, tengo una mente comprensiva, eres muy especial para mí. Oro por tus ideales, por tu felicidad, tu salud.. Dios te sigue bendiciendo, déjate llevar por él, te ilumina si te lo permites, te toma de mano dulce y tierna, como un niño asustado, temeroso,...... y te llevará a su paraíso. Te quiero.

06/12/2008 Perla

Quién eres tú, que un 28-11-08 te has metido en mi sangre y circula apresuradamente en mí, llamando a gritos a la tuya, para mezclarse en lo infinito de nuestro ser....
Quién eres tú, que con ternura has logrado despertar en mi corazón las palpitaciones más fuertes.
Quién eres tú, que con poemas de aliento, haces vivir mi alma.
Quién eres tú, que con tu pasión hace estremecer mi cuerpo y sentirte dentro de mí.

Quién eres tú, que me has tomado en ti para enamorarme...........
Eres mi Jhon..........te quiero... tuya Perla

10/1272008 Perla

Mi amor hoy te digo te amo, con todas tus dificultades, entre los tres lo solucionamos, te lo prometo.

12/12/2008 Perla

Bebys: buen día, que la perfección llene tu vida de luz purificada, para que disfrutes tu camino de paz.   .
Hoy quiero declararte mi amor puro, decirte que he decidido compartir mi vida contigo, si tú me lo permites, una historia única en nuestra existencia maravillosa.   .
Quiero agradecerte todo el tiempo que hemos compartido, donde fundidos nuestros cuerpos con gran pasión y nuestras almas con gran fervor. Estar a tu lado es el mejor paraíso que puedo pedir, el tiempo se detiene en mi mente, los deseos por estar contigo eternamente aumentan, mis emociones se confunden ante mis sentimientos, es una mezcla de todo, que no puedo describir. Solo te queda a ti hacer realidad todo este bello sueño, para despertar a tu lado entre tus brazos y poder cumplir la mejor misión y profesión del universo, amarnos......no tengas temor a nadie, ni a nada......ya eres libre de mente y corazón, esto te da firmeza, seguridad, valentía para volar en este inmenso espacio infinito....cuando tienes fe nadie te puede derrotar, ni derrumbar...

Dale gracias a Papa, por todos estos canales que nos abre con su destello de amor..... y que solo faltan unos pocos días para que cumplas tu contrato de complemento especial.
.Amor te amo, lo nuestro es eterno recuerdalo..... Tuya Perla.

14/12/2008 Perla

Mi amor....mi bello amor, nunca pensé desbordar tanto deseo por un ser terrenal. Mi fortaleza se me ha desmoronado ante ti... Imagínate entre tus brazos....sobrará todo, porque todo fluye entre los dos........Te amo.

14/12/2008 Perla

Mi vida quisiera que sintieras mi mente, como se agita, cuando no sé ni una sola letra tuya, y poder escuchar una sola palabra, para poder estar tranquila en mi santuario sagrado.....Dime que hago sin ti....Orar para que todo esto se forme en una verdad infinita sin atajos, ni escondites...Te adoro mi príncipe.

14/12/2008 Perla

La libertad es la esencia que solo se debe sentir...Te quiero.

Perla después de la llamada de Marly me escribió lo siguiente:

19/12/2008 Perla

"Ya no saludo, porque no sé cuando puedes leer esto. Mi bebys sé que estás en una situación confusa, pero esto se tiene que aclarar ya, y creo que la mejor solución es quedar como buenos amigos, tu nunca dejarás a tu esposa, porque ella te va a manipular siempre.... La mayoría de las mujeres son así. Si alguien desea quitarse la vida lo hace sin informar. No tomes a mal lo que te escribo, pero es mi verdad.

Lo único que deseo es que seas feliz, no me interesa con quién, ni dónde, pero que lo seas....Esta es mi opinión, ¿no sé qué piensas tú?.

Creo que debes hablar seriamente con sus padres, de pronto ellos puedan buscar ayuda psiquiátrica, espiritual, médica o algo para que los ayuden como pareja y puedan empezar de nuevo. Mi intención es por ti mi vida, es una sugerencia..

Papi, debes saber con toda mi alma, que lo que siento por ti es tan inmenso como el mismo cielo, pero no podemos seguir así, nos hacemos daño y se lo hacemos a los demás, hay veces que tenemos que tomar decisiones radicales y prefiero sufrir tu pérdida y no tú, mi amor....

No pienses que en este momento alguien me coja un pelo, entiende que estoy enamorada de ti, y no lo permito por ahora, y te lo prometí. Es muy difícil fijarme en otro hombre en estas circunstancias, además de la persona de la que te hablo, es muy importante para mí, pero igual está en Europa, aunque compartimos mucho tiempo juntos y es muy especial, no tenemos contacto de ninguna forma.

Papi gané un televisor Lcd de 32 pulgadas y un portátil, hace 15 días. Si hubiese comprado el ordenador no tendría porque ocultarlo, no sé porque dudas con lo que te digo, eso me duele. Cuando miento no lo hago para lastimar, el hecho que te dije de mi hija, con ello no afecta a nadie. Es algo muy personal. Amorcito bello, si con este correo te lastimo, y no me quieres volver a escribir entenderé, si te hiero discúlpame, solo trato de ayudar.

Por favor haz algo ya, para salir de toda esta tormenta, eso te está matando poco a poco, no hay derecho de vivir así, no es solo existir.....hay que vivir.

Te quiero, tu Perla, perdona que te escriba así de fuerte...... si tengo respuesta te contestaré."

19/12/2008 Perla

"Mi amor, mi vida, mi príncipe, se me olvidó algo, quiero ser tuya eternamente en todo sentido."

Le contesté que me sentía perdido y ella me envió otro mensaje el 22 de diciembre del 2008 que decía:

"Mi nene precioso y ese mensaje " estoy perdido" ahahhaha, cámbialo por algo positivo mi cielo. Las palabras tienen mucho poder.

Mi bebys, ayer estaba conforme a tu olvido, pero hoy llenas de nuevo mi alma, todas tus llamadas son perlas para mí, la de hoy fue muy exclusiva, estabas divino, me provocaba comerte a besos todo todito, no te imaginas todas las sensaciones que me transmites. Mi cuerpo no se contuvo, cuando llamaste estábamos con el papá en una plazoleta cerca de la oficina tomando el sol y hablando un poco….me dice que con lo que expresaba, la gente me miraba, le respondí: "no me interesa que los demás me escuchen eso, me tiene sin cuidado…", él ya me conoce……...

Toma todo con mucha inteligencia, si deseas estar con ella no hay problema, te apoyo con mi corazón, recuerda soy tu libertad y puedes contar conmigo sin misterios, sin mentiras, por todo lo que siento por ti, te dejo volar a tu antojo, sin reprimirte en nada, ni nadie, puedes ir por el infinito y no solo existir, debes vivir. Mi amor si deseas y puedes nos vemos por video conferencia el miércoles 24, estaré con Sama toda la mañana, luego iré a la iglesia, después a organizar la cena y la fiesta de nacimiento con mis familiares, cómo me gustaría estar contigo, sobre todo en los cumpleaños de mi Señor Jesús, será fabuloso el próximo año juntos.
Recuerda mi príncipe, te amo, te extraño, te deseo, ten lo presente, tuya Perla."

Ese 24 de diciembre vi a Perla por primera vez en vivo, la emoción fue tan grande que las lágrimas me salían de los ojos y cuando pude le envié un correo que decía:

"¡Hola Perla!, me diste el mejor regalo de navidad cuando te vi por la video cámara, vi esos ojos grandes como soles que expresan todo lo que llevas en tu corazón y en tu alma, pero expresan también todo el sufrimiento por el que has pasado, porque yo puedo leer en ellos como en un libro abierto, guardas secretos yo lo sé y lo resiento, pero es del pasado, lo que me interesa es la Perla que me has mostrado hasta ahora y que me enamoré, tu físico no me importa, eso se puede mejorar si deseas ser más bella, yo sé que no tienes 18 años y yo tampoco, aunque me conserve muy bien. Me alegra que tu papá estuviera presente cuando te llamé porque me imagino que debiste contarle algo viendo los sentimientos que expresaste delante de él, pero no importa yo soy sincero y tu lo sabes, y puedes decírselo todo, lo nuestro es muy fuerte y solo Dios sabe lo que pasará. No paro de pensar en ti, ayer sentí que me llamabas pero no podía hacerlo, nunca pude estar solo, porque estuve con mi familia y con mis amigos. Te beso tiernamente, siempre tuyo, Jhon".

28/12/2008 Perla

Mi amor bello, buen día, que hermoso mensaje, me hubiese gustado que timbraras en mi móvil como clave para encender a walle, para decirte lo que siente mi corazón por ti mi vida, gracias..Eres maravilloso y recuerda que eres muy importante para mí, lo que dices que estoy en.... es verdad y te lo dije que había regresado a la página, pero no para buscar a alguien rápidamente, lo hago para ayudar a personas que necesiten de mi guía y estén pasando como yo, una situación de dolor por amor, pero es bueno sentir lo que siento y llorar, es bello, es algo que no programa el corazón, tu eres un regalo perfecto que me dio el universo. Cuando entraba a la página, mi intención era de colaboración, nunca imaginaba que alguien robaría mis sentimientos y menos tú.

Bebé no digas cosas que quieres creer, no me he cambiado de nombre en esa página, la tengo hace tiempo, y te lo puedo comprobar por su fecha, además ni yo la hice, la creó mi compañera la ingeniera de sistemas Tasmania, y no tengo que ocultarlo, ya te lo había dicho mi vida.

Bebys, eso que escribes que mis ojos te dicen que guardo secretos, pues tu sabes que a ti te he dicho mucho, lo que guardo en mí, son los sufrimientos pasados que me hicieron madurar rápidamente, me toco mi vida sola desde los 2 años de edad y con orgullo te digo que supe manejar mi vida con dignidad y lealtad, hay veces escribes cosas que me hieren, y creo que también yo lo hago, por ello de corazón te pido disculpas. No te oculto nada mi cielo, si lo hiciera no te abriría las puertas de Sama y de mi ser, soy transparente Jhon, porque lo que siento por ti es más allá de lo normal y no sé cuánto me durará este sentimiento tan puro. Si lo dices por mi niña, pues aunque no es de mis entrañas, es hija de mi espíritu, porque yo la crié con todo mi amor…como lo haría con cualquier ser viviente que lo necesite.

Otra cosa que hice fue casarme sin estar enamorada, pero si lo quise con mucha entrega y respeto y llevé un matrimonio muy

armonioso, sin ocultarle nada a él.
Papi también te he dicho que hay alguien que es muy bonito y constante conmigo, europeo y no deseo ocultarlo, y tu lo sabes: te lo dije, que ese domingo que tu me llamaste, el 14-12-08, se derrumbo mi castillo de amor, él estuvo toda esa noche por Internet conmigo, consolando mis lágrimas, llorando juntos.

No digas cosas que quieras creer amor mío bello......Sabes anoche sábado 27-12-08, estuviste todo el tiempo conmigo, te vi correr por un sitio extraño como pinos, lo hacías como un niño, sin querer parar, y llorabas, y esas lágrimas hacían vivir esos árboles y ellos reverdecían hermosos. Fue algo agradable porque te vi todo el tiempo.

28/12/2008 Perla

Sabes, es una gran sorpresa encontrar hoy domingo estos mensajes, no me lo imaginaba, aunque olvidaste nuestra fecha, quiero decirte feliz día, mi esposo espiritual, hoy 28-12-08 cumplimos dos meses de conocernos y un mes de nuestro bello y puro amor, porque eso es lo que siento por ti y no deseo ocultarlo, estoy enamorada de ti con toda mi sangre que circula sin cesar y en mis oraciones estás presente junto con tu familia para que encuentres el verdadero bienestar.

Quiero que tengas presente que nunca te oculto nada, cuando llegue el amor tan fuerte a mi corazón y me entregue a él, en

cuerpo y alma, en la primera oportunidad te lo diré o te lo escribiré..... entonces ahora te lo digo Jhon: en este momento he entregado mi corazón a un hombre perfecto que vive en Valencia, tiene 46 años, y su palacio es de 1,90 M y sus apellidos son:......... y lo amo con todo mi ser, no sé si pueda ser correspondida, aunque no lo pueda tenerlo en cuerpo, lo tengo de pensamiento y espíritu y eso me llena en parte de felicidad. Ya te conté ....te quiero amor, no dudes de mí, no tengo porque ocultarte nada...
..
Incluso en este momento está un francés en Colombia, de ....., pero hacia como un mes, no le respondía sus mensajes, ahora está aquí, cuando me llamó le dije " no deseo verte", sería engañarme y engañarte, sin embargo él me dice " déjame correr el riesgo, le respondí: mi corazón está en Valencia y aún no regresa. Entonces amorcito no pienses cosas que no tiene fundamento, además yo estoy en el centro de la voluntad de mi Dios, y solo él sabe organizar perfectamente mi vida, confió plenamente en él.
Esposito bello, gracias por tus lindas fotos, me encantó la del beso, siento que es para mí, y que me lo envías de corazón, bueno también de deseo, daría mucho por sentir tus labios en los míos y dejarme llevar en tu cuerpo hasta que lo sagrado llegara a mí..
.
Te deseo, tuya Perla, feliz día mi vida.

31/12/2008 Jhon

¡Buenos días mi Reina!, que pases un excelente fin de semana pensando sobre todo en mí, yo haré lo mismo. Besitosss amorcito de 97 cm.

03/01/2009 Perla

Mi amor bello, no pienses en que es hora de tu partida, ahora más que nunca sé que vamos a estar juntos, es lo que más deseo, ponle fe y lucha por ello, te amo mi vida.

04/01/2009 Jhon

La alegría que siento a cada mensaje tuyo, sobre todo cuando eres positiva como el que acabas de escribirme. Te amo.

04/01/2009 Perla

Gracias por tu mensajito, eso llena mi alma de gran alabanza. Mi amor los pensamientos se convierten en realidad, cuando los ejecutas constantemente, todo lo que piensas con fuerza..... se te cumplirá algún día, es la ley de la atracción...por eso bebys, ten cuidado con lo que piensas, hazlo firme y seguro.
Ten fe, en lo que quieras.....Te amo mi Papi.

07/01/2009 Jhon

¡Hola Mami!, pienso en ti todo el día, vaya broma, me la había creído y me ilusioné, pero creo que es mejor esperar aunque nos duela, hasta que yo sea libre sino sufriremos más. Tuve que cerrar la tienda una hora antes para que Marly me llevara a urgencias tenía dolores muy fuertes en el corazón y tuvieron que pincharme para tranquilizarme y darme algo para el dolor. Estoy esperando que me llamen del hospital para hacer un Test de esfuerzo. Besos mi amor.

08/01/2009 Perla

Papi, no puedes pensar todo lo que te extraño, tu risa, tu voz, tu cara, deseo verte cada día, sentirte, escucharte, ¡oh Dios que difícil es todo esto!, pero igual te amo.

08/01/2009 Perla

El corazón es el que manda, por ello no puedo con este amor, es tan fuerte que sale de mí y va hasta Valencia, a..., y especialmente a ti, mi vida. Te amo, hasta donde me lo permitas.... tuya Perla.

09/01/2009 Jhon

Mi amor bonita canción, yo te entregué mi corazón y mi alma el 28 de noviembre del 2008, el resto seguirá si Dios quiere.

09/01/2009 Perla

Buen día mi amorcito bello, necesito saber cómo estás. No he podido dormir pensándote, orando por tu salud, por favor muñeco déjame un mensajito, anda, escucha mis ruegos.
.
Mi bebys me siento impotente con esta relación, igual no puedo hacer nada, solo pedirle a mi Padre Celestial que te proteja y te dé luz para que tengas una vida perfecta, en salud especialmente.

Papi recuerda que tu esposa espiritual te ama, y es un sentimiento puro y fuerte..... tuya Perla.

09/01/2009 Jhon

No olvides amor, que tienes que abrir fa.... para leer todos mis mensajes también. Mami sufro por ti y me preocupo, y tu impotencia es causa mía, pero pido a Dios que me guíe y me ayude a tomar las buenas decisiones. Te di todo el 28 y tu lo sabes, y te resiento como si mi mano tocara tu alma. El sábado 16 de enero oí dos canciones en la radio llegando a casa, una que hablaba de que Dios pensando en el Edén, pensó en América y la otra que decía: "atravesaré el mar y las tierras para llegar a ti, porque solo tú y yo sabemos que lo nuestro es muy fuerte, nos veremos en abril, nos veremos en abril". Tuve la impresión que era un signo de Dios o ¿fue solo una casualidad?. Que la voluntad de mi Señor se haga y que nos dé a cada uno lo que necesitamos y nos merecemos, o quizás lo que se merecen los otros teniéndonos a nosotros. Amar es sufrir y sacrificarse por los demás, sin esperar nada a cambio hasta que Dios nos recompense por nuestro amor al prójimo. Te amo Perla, cuando me miro al espejo te veo a ti.

09/01/2009 Jhon

En estos momentos las emociones me ganan y me siento como un niño, no como un adulto, porque mi amor es fuerte y intenso y estoy en armonía contigo, resiento todo lo que tu resientes. Te amo.

15/01/2009 Perla

Gracias por tu mensajito, me llenas de alegría cuando los encuentro, tiemblo al abrirlos, es como si fuera un pozo de paz, mi vida te extraño mucho, quisiera chatear, como lo hacíamos antes, poder verte, sonreír juntos, llorar y contarnos todo, no entiendo para que me pasa esto.... pero igual lo tengo que superar con mucho amor, es difícil no saber de ti, tengo tantos deseos de tenerte, abrazarte, besarte, que ya creo que es algo sobrenatural, eres mi hombre perfecto, espiritual, tierno, sensible, con tu alma tan pura y tu espíritu en Dios.....si que eres único en este universo y pido a mi Padre Celestial que te llene de sabiduría y de luz en todo tu bello camino... .

Pero también soy consciente de tu situación y ya eres un hombre con dueña y fuera de eso encarcelado, prisionero, como el peor criminal.... y no te puedo brindar la belleza física-social a la que estás acostumbrado o los lujos que tienes.... solo te puedo brindar mi pesebre, mi humildad...pero nada más. .

Bueno amorcito este mensaje se va lleno de lágrimas, esta semana no he parado de llorar, cada día te siento más lejos, más difícil, más ajeno, más prohibido......ya no puedo seguir.....te extraño, te quiero, tuya Perla.

15/01/2009 Jhon

¡¡Mi amor!!, me pides sinceridad, siempre he sido sincero contigo, te amo con toda mi alma, llevo día y medio llorando por ti, porque tengo la impresión que dudas de mí, yo ya no dudo de ti, sé que tu amor es muy fuerte por mí y yo resiento lo mismo que tú. Sé que también tienes prisa de que estemos juntos pero yo no puedo ir más rápido. No te haré esperar hasta el 31 de marzo pronto te diré algo. Mis hijos me preguntan porque lloro todo el tiempo. Soy como un niño en estos momentos. Te amo.

16/01/2009 Perla

¿Mi vida, o sea que tu ya escribiste tu destino?, pero no olvides algo: todo lo que deseas con fuerza, eso atraes, me extrañas tanto, ... y me piensas...

24/01/2009 Jhon

¡Hola amorcito!, lástima que no estés conectada, son días terribles para mí, tuve que llevar a Marly a urgencias, y después de un análisis de sangre, aparte de otros exámenes, los resultados son muy inquietantes, su defensa inmunitaria esta a la mitad del mínimo, no tiene casi potasio y otros muchos trastornos sanguíneos no muy buenos. Solo pueden haber tres razones para que sus defensas estén tan bajas, el..., la.... y que haya tomado un medicamento que las haga bajar. Por el momento sabemos que el medicamento para la teórica úlcera puede producir esto, pero no tenemos ninguna certitud que no sea..... Hasta que sus análisis no se mejoren, no podrá ser dormida. Besos amor.

28/01/2009 Jhon

¡Hola Perla!, te siento con dudas y resignada. No has escogido el camino más fácil, está lleno de baches y es abrupto, tienes que andar con pie firme porque si no puedes tropezar, hacerte daño y sufrir, pero es el camino que lleva a la verdadera felicidad. El camino que lleva a Dios tampoco es fácil pero cuando llegas al final de él es para la eternidad, te voy a contar una historia que recibí en un correo:

"Eran dos ángeles que viajaban y llegada la noche se pararon en la casa de un matrimonio rico. Les negaron la habitación para huéspedes pero aceptaron que durmieran en el sótano frío y húmedo. El ángel mayor vio que había un agujero en la pared y lo tapó y el ángel joven enojado por el recibimiento le dijo: ¿porqué le arreglas la pared?. El ángel mayor le contestó: a veces las apariencias engañan. Al día siguiente siguieron su camino y llegada la noche se pararon en una casa de un matrimonio pobre. El matrimonio compartió la cena con ellos y les dio su propia cama para que durmieran mejor. Por la mañana oyeron llorar al matrimonio porque la sola vaca que poseían estaba muerta. El ángel joven le dijo al mayor porqué has permitido esto y el otro le contestó: las apariencias a veces engañan, y siguieron su camino. El ángel joven quiso una explicación insistiendo y el ángel mayor le dijo: en la primera casa tape el agujero para que no encontraran el fabuloso tesoro en oro que había detrás de la pared y en la segunda casa el ángel de la muerte vino por la noche para llevarse la mujer y yo se lo cambié por la vaca. Ten fe y vive el día al día porque Dios nos da lo que necesitamos y cada uno de nosotros tiene su ángel guardián".

Como decía Jesús: "el que tenga oídos que oiga."

29/01/2009 Perla

Mi tesoro, llevo esperando mucho tiempo un computador en el hotel donde estoy, estaba inquieta en ver tus mensajes, no me pude concentrar después de tu llamada, quería saber que me escribías en nuestros tres meses de conocernos, pero encuentro tus dudas en la salud de ella, y no tienes porque pensar de esa forma, ella es fuerte, bella y todo saldrá muy bien. Ten seguridad, además como sabe que existo en un pedacito de tu mente y tu corazón, eso hará que se cuide más, para estar siempre a tu lado, ya verás mi bebys que pronto sanará su cuerpo.
Te amo y siempre estaré para ti en toda situación.

29/01/2009 Perla

Mi bebys, si Dios nos tiene para estar juntos, el abrirá todos sus canales para hacer realidad algo tan puro, como nadie lo ha vivido, lo que es mío, del fondo del mar saldrá, de lo alto del cielo llegará y para siempre nos unirá......me gustó el mensaje de las canciones que has escuchado, ten en cuenta algo amorcito, no te puedo ofrecer la belleza física de la que estás acostumbrado, y los ladrillos de oro, y las latas de plata y todas esas cosas que tienes.

.
Lo único que te ofrezco es amar de espíritu…..

29/01/2009 Jhon

No me has dado tu dirección, y tampoco me escribes, es más fácil para ti hacerlo que yo, tus correos me alegran Mami, no lo olvides, ¿te esfuerzas por olvidarme?.

29/01/2009 Perla

Claro que me esfuerzo por olvidarte, no es fácil, solo Dios lo hará, el realiza lo perfecto para mí, porque soy su hija preferida…. Amor no te escribo, porque ni siquiera te dejan leer, ya te había enviado la dirección:

¿Dime porqué siempre te tienes que esconder?, ¿Porqué tanto temor?. La verdad, ¿a qué le tienes miedo?, ¿a ella?. Recuerda soy tu libertad, no me mientas, se entender.

29/01/2009 Jhon

¡Buenos días mi amor!, veo que no quieres escribirme, ayer podíamos vernos con la video cámara todo el día y hoy seguramente también pero tu no estás, si no quieres que te escriba más o te llame me lo dices claramente y yo cesaré, aunque las lágrimas salgan de mis ojos y tenga que llorar por dentro hasta el final de mi vida. Te quiero. Siempre tuyo Jhon.

29/01/2009 Perla

Amorcito, trato de estar conectada el viernes, si no hay alguna alteración.
Quería encontrar mensajes de amor, pero solo encontré reproches....
No recordaste nuestra fecha, bueno feliz próximo 28 de febrero de 2009, gracias por permitir que te conociera, por tu invitación en.....
Respondí todos tus mensajes, no me digas que no deseo escribirte, ni que me llames, claro que no quiero eso, lo que en verdad añoro de ti: es que seas mío hasta la eternidad, en cuerpo, mente y corazón, ¿pido demasiado?.
Te amo por todos tus mensajes, pero especialmente por tus llamadas....tuya Perla.

29/01/2009 Perla

Mi esposito, el día que tu quieras no volver a escribir, ni llamar será solo tu decisión, como me gustaría que lo que escribes sea realidad "siempre tuyo Jhon".
Cuando ya tenga relación estable, te lo diré y estaremos al mismo nivel, no deseo ocultarte nada. Te amo, tuya Perla.
Creo que mañana 30-1-09 me prestan un computador y estaré conectada todo el día, hasta la hora del cierre del congreso, con una gran rumba te invito.

30/01/2009 Jhon

Mami me has alegrado el corazón pero estás llena de contradicciones, te adoro cariño, sé porque lo haces. No tengo miedo a nada pero no me gusta hacer sufrir a nadie y yo sé que tu sufres y ella sufre, y eso me parte el corazón, pero te diré ciertas cosas cuando te llame la próxima vez. Marly me ha destruido mis tarjetas bancarias y también ha llegado a encontrar mi pasaporte y me lo ha escondido. Llevo una lucha difícil a soportar psicológicamente porque yo soy alguien sincero y estoy obligado a esconderte y a mentir por ti y eso me desagrada, pero es necesario porque está enferma y con mucha tensión. Ella sabe que tu existes porque se lo dije que me iba a vivir contigo y se lo dejaba todo. Me ha dicho cosas muy fuertes sentimentalmente que yo ignoraba y que nunca lo hubiera pensado de ella. Es cierto que sus prioridades han cambiado desde que tu estas en el medio, porque sabe que me va a perder de un momento al otro o por enfermedad, porque siente la muerte llegar. Yo tengo mis responsabilidades que asumir y lo voy hacer, es mi deber, pero no pienses que te miento, porque no lo hago, y puedes estar segura que te deseo y mi amor es inmenso. Ten paciencia por el momento mi decisión final está cerca. Besos.

30/01/2009 Perla

Mi vida me dices que estoy contrariada, no me pongas tanta atención, recuerda que estoy enamorada, lo que me importa es que ella no sufra y lo demás Dios lo sanará, solo entrégate a ella.

30/01/2009 Perla

Buen día mi esposito espiritual bello, que las bendiciones lluevan en la salud de ella y tu familia, ya verás que su recuperación es perfecta por la fe que está en tu corazón.
Te busco pero no te encuentro, me conecto en unas dos horas y media, hoy termina mi congreso, no hay mucho que hacer, solo es despedida, te amo.

01/02/2009 Perla

Buen día mi rey hermoso, gracias por tus deseos, igualmente pido para que tu primera semana de febrero sea solo felicidad en todos los sentidos, que me pienses un tis, si puedes...........chao amorcito de 1,90 m.

01/02/2009 Perla

Amorcito bello, disculpa que te pida este favor tan especial, pero necesito oración urgente, ayúdame a solicitarle a Dios, que él que llegue a mí, sea únicamente el esposo idóneo, eterno, perfecto para mi unión ideal.
Te pido esto porque te tengo mucha confianza..... no olvides esta amiga que te ama, ¡ ayuda !.

02/02/2009 Jhon

¡Buenos días amor!, me hablas de amiga que me ama, no sé qué debo comprender. En fin, hoy después de haberle puesto un gotero y llevarla al bloque operatorio, han rechazado de hacerle el examen de endoscopia, porque su análisis sanguíneo era muy malo, no la pueden dormir, hay que esperar que sus defensas sean normales y su potasio suba, como el sodio, sino la anestesia le puede ser fatal o bien contraer un microbio durante la intervención. Todo esto no es buen signo porque si en el examen sanguíneo de mañana no sale mejor puede significar que Marly tiene…. Esta mañana en el hospital me he sentido mal por los nervios y todavía no estoy muy bien. Todo lo que me está sucediendo en estas últimas semanas está afectando seriamente mi salud. No duermo, estoy nervioso, muy ansioso por ti, por ella, por los niños, por los negocios…..Me estoy preparando psicológicamente para lo peor, pero es muy duro, no sé qué va a suceder. No sé lo que Dios me ha preparado, cualquier cosa la aceptaré porque me estoy quedando sin fuerzas para seguir luchando, creo que empiezo a resignarme y yo no soy así. Te pienso todo el tiempo, estaré en…y intentaré hacer una conexión contigo.

02/02/2009 Perla

Buena tarde mi consentido bello, yo soy todo para ti, amiga, esposa espiritual, compañera,…..no pienses cosas feas mi vida, ten fe que ella es muy fuerte, y tiene motivos muy importantes para vivir…. .
te estoy buscando en…..te amo.

02/02/2009 Perla

Recuerda bebys, que soy todo para ti, aprende a conocer mi idioma ....mi amor te amo con todas las fuerza de mi ser, estoy contigo en toda esta situación, oro por ella, por ti, te envío un gran abrazo de apoyo.... Dios fortalece tu fe...tuya por siempre, te amo.

02/02/2009 Perla

Debes comprender eso mismo, que te amo, y me siento tu amiga, amante, esposa espiritual, compañera, tu novia......o ¿qué soy para ti?
Lo que pasa es que eres mi niño lindo consentido, mi bello bebys, que deseas que te tome en mis brazos y te de miles de besos.......
Ya te voy conociendo, mi travieso Papi, eres muy mimado, caprichoso, mi coquetón feo.
Mi amorcito te imagino en mis manos y creo que te mal crío demasiado,
quiero tomar tu cabello y deslizar mis dedos en él...
quiero tomar tu boca y deslizar mis labios en ella,
quiero tomar tu cuerpo y deslizar mi lengua en él,
quiero tomar tu vida y deslizar la mía también...
Mi papi te siento muy triste y desconfiado, mira que ella tiene mucho por vivir, es fuerte, joven, sana. ¿Porqué eres negativo al respecto, sólo son alteraciones gástricas, dónde está tu fe, que te he transmitido?. Necesito que seas muy fuerte, porque mis oraciones pierden gracia.

Si amorcito precioso, yo estoy para apoyarte en todo,,, recuerda soy tu libertad, y te doy toda mi energía para mantenerte en pie con el poder de Dios..
Pide fortaleza en la oración......confía en Dios, en su voluntad....
Te quiero, tuya. Perla.

03/02/2009 Perla

Buena tarde vida mía, tienes todo mi apoyo, el universo es perfecto, si deseas verlo así, si tengo fe, no existe el miedo, el temor, la angustia...
Recibe los mensajes y aprende de ellos.... soy tu libertad
Soy lo que me permitas para ti....sólo eso
Te quiero.......me interrumpiste la comunicación.

03/02/2009 Jhon

¡Hola cariño de amorcito!, siempre sabes encontrar las palabras que me reconfortan en el corazón y en el alma. Me importan poco tus quemaduras o si no eres la mujer mas guapa del mundo, lo importante es tu interior, yo tengo dos brazos, dos piernas y una cabeza para trabajar. Un día comeré solo patatas y otro día caviar, ¿qué importancia tiene?. Lo importante es ser feliz el resto de tu vida.

03/02/2009 Perla

Buen día mi bello bebé, mi consentido lindo, sabes te agradezco tu confianza, no soy juez, ni aquí ni allá, cuenta conmigo, y tu salud está bendecida.... lo importante es querer sanarte, si me he dado cuenta que eres muy coqueto, pero hasta para ello hay que tener mucho cuidado, la inteligencia ante todo... No puedes rodar como pelota sin saber donde parar..... eso de estar conquistando a la una y otra, solo lástimas corazones frágiles....

Por lo menos conmigo, no hay problema, soy una mujer que a pesar de mi tamaño, soy fuerte, realista, vivo del hecho, de la práctica, tengo sueños y ilusiones, pero alineados con la voluntad divina, y con lo que pueda ser verdad, y para el bienestar general. Sabes bebys, no imaginas lo que te extraño, necesito verte, escucharte..... que tiene de malo que usemos el......

Hoy quería abrazarte y que pudieras sentir mi apoyo.....te quiero, lo que es reproche.... Analizalo sisisii...tuya Perla.

03/02/2009 Jhon

¡Hola cariño!, quiero que sepas que vivo en una casa de lujo pero porque la he hecho con mis propias manos muchas cosas y he tardado diez años para construirla. No nací rico, salí de una familia humilde pero trabajé en Francia muy duro para llegar a tener lo que tengo hoy. Laboraba de 70 a 80 horas por semana, no estoy acostumbrado al lujo, pero al esfuerzo y ha pagado hoy, **pero si debiera volver a empezar no lo haría, porque he hecho muchos sacrificios e incluso la de mi propia felicidad y eso ha sido mi error. He madurado y he comprendido lo que espero de la vida, lo que la vida puede aportarme si estoy en armonía conmigo mismo y con todo el resto, y es así que puedo ser realmente feliz compartiendo con alguien que** me ame por lo que soy. Lo que es material no es importante, pero es verdad que puede contribuir. **Lo que quiero hacerte comprender es que puedo estar alegre comiendo lentejas todos los días o vivir en un palacio, o vivir en un pesebre a condición de estar en armonía, compartiéndolo con la persona adecuada la felicidad que llevo dentro, porque de todas maneras por muy rico que fuese, el día de mi muerte no me llevaré nada del otro lado, no caberá en mi ataúd las riquezas que haya podido acumular, pero lo que sí me llevaré es toda la felicidad y los recuerdos que haya vivido en la tierra.** Siempre seré tuyo.

04/02/2009 Perla

Que maravilla cuando abro mi ordenador y encuentro correos, mi corazón empieza a latir fuertemente….cuando sé que son de mi amor, mi hombre, él que deseo a mi lado, con el que quiero compartirlo todo, idóneo, ……..tu has tocado un punto muy débil, importante en mí, no entiendo como lograste esto, pero bueno ya estás dentro de mí ser y solo dejaré que fluyas como el aire …… ¿quién eres?, alguien real, o estarás en mi ilusión….. pero que bello, pareces el mismo Jesús encarnado en ti…. .
Que tu fe fortalezca tu vida, porque así la luz perfecta ilumina toda circunstancia……….fe, te quiero, tuya Perla…..me gusta que me escribas…..me gusta chatear….me gusta que me llames…. pero más me gusta que me tengas.

04/02/2009 Perla

¿En verdad eres mío?
¿En verdad, sientes algo por Perla?
¿En verdad quieres estar a mi lado?
¿En verdad quisieras vivir en mi pesebre?

04/02/2009 Perla

Papito lindo, hoy estoy enfermita...... tengo jhoncitis crónica activa... envíame urgente la medicina....vida mía la semilla sin abono.... no germina.

05/02/2009 Perla

Buen día papito rico y apretadito, cómo vas con tus análisis sanguíneos, no te angusties.....no hay porque alarmarte.... La vida nos va llevando como el agua al curso de su río para llegar a un verdadero destino...su mar.
Nene, hoy es el día ecológico en mi país... y quiero enviarte muchos besitos deliciosos por toda tu espaldita, recorriéndola suavemente, woowowo, y seguir y seguir, luego te das la vuelta y ..... te quiero.

06/02/2009 Perla

¿Mi amor quieres dejarme?.....si eso deseas, respeto tu decisión...... igual no puedo perder a alguien que nunca he tenido........

Ninguno tenemos futuro, porque él no existe, está el presente y ya....mi bebys no tienes porque preocuparte, por algo que nunca va a suceder, como te falta conocer en verdad a un ser superior, quiero abrazarte y decirte que a pesar que me dejas... te apoyo con todo mi amor.........adiós.

06/02/2009 Perla

Recuerda que siempre seré tu amiga, si tu me lo permites. Hay muchas cosas tuyas que no las comprendo, pero bueno, sé que con mis oraciones logré aceptar tus decisiones.....

06/02/2009 Perla

Veo que no quieres contestar. Bueno que le hacemos...debes estar muy ocupadito, es más fácil hablar con el presidente, que contigo.

06/02/2009 Jhon

Perla si quieres hablarme ahora conéctate en..... en el ... instantáneo. Besos.

06/02/2009 Perla

¿En dónde estás conectado conmigo?.
¿Estás jugando con mi dolor?.

07/02/2009 Jhon

No juego nunca con los sentimientos mi amor, no te digo adiós. No tengo tiempo de escribirte ahora pero mis sentimientos por ti son sinceros, estás anclada dentro de mí, para siempre, haces parte de mi ser y te pienso y te lloro por no estar conmigo. Besitos, ¡mi perlaaa preciosaaa,!, te amo Mami.

08/02/2009 Perla

Buen día mi rey divino, espero que hoy te encuentres más seguro, porque tu fe es grandiosa y oro por tu sanidad... Sabes amor hoy he pensado mucho en ti.... y me duele saber lo que dices de Dios, él no te castiga, eres el hijo preferido.... Lo importante es tener una buena alimentación espiritual y orgánica......
Ahora voy a leer un tis (poco) y a dormir....... espero algún día escucharte mejor...te extraño, bye.
Recuerda siempre estás en mí....Te quiero.

09/02/2009 Perla

Dios te bendice siempre, porque es un ser de amor, de paz, de salud, de felicidad, de alegría, encuéntralo, déjalo entrar en ti y veras la realidad de la bella vida..... te quiero Jhon.

09/02/2009 Perla

Vida mía, debes amarte a ti mismo, así puedes reflejar tus sentimientos al mundo que tanto lo necesita, no debes sacrificarte, porque ya un hombre lo hizo por ti, con su propia sangre......Te extraño.

09/02/2009 Jhon

Cariño ¿qué es lo que sientes por mi exactamente?, ¿porqué me amas?, ¿qué represento para ti?. Soy muy curioso de saber lo que me vas a contestar, no lo tomes a mal estas preguntas. Te amo bebé.

09/02/2009 Perla

En este momento lo que siento por ti........son muchas cosas juntas, has tocado lo más sensible, mi alma, mi espíritu.
.
Te amo, porque eres perfecto, Dios te puso en mi camino para algo y le digo al Espíritu Santo que me dé fuerzas y amor para cumplir mi misión adecuada contigo y el universo..
Te amo y estoy dispuesta para Jhon.

09/02/2009 Perla

Amorcito bello, no había leído este mensaje, sino después de despedirnos.
Mi amor lo que siento por ti es tan grande, que estaría contigo

hasta el fondo del mar, jamás estaba tan segura de alguien, nunca he pensado en salir de mi país, pero tu me has puesto a dudar.... Amo tu sangre siempre te lo digo, si tengo que cuidar de ti, lo hago con todo mi amor...

El verdadero amor no mira,.... siente, no juzga..... ayuda, no cambia..... aprende, no sacrifica...... evoluciona...

Solo tengo que cumplir con las claves de Dios, tu ya me distes dos, falta una, y yo soy el centro de la voluntad de mi Padre Celestial..

Y el Espíritu Santo me iluminó con estas claves: el hombre que: 1a...............2a............. y tercera........será digno de ti y puedes confiar ciegamente en él...el destino es tu camino.....entonces espero en Cristo y seré premiada....

Te quiero, te extraño...tuya Perla.

09/02/2009 Jhon

¿Tercera clave? ¿puedo saber cuáles son las dos claves que cumplí?, besos.

09/02/2009 Perla

Buena noche amor mío, solo mío, las claves solo se las diré al hombre que sea mi esposo......

y aún no sé quién es este hombre idóneo.......aún piensas venir a buscarme, ¿todavía tienes esa idea en mente? Sabes guardo sagrados los mensajes de texto en mi celular:"mi corazón va a estallar" 6-12-08.

"Perla te necesito, estaré en Bogotá contigo en enero" 8-12-08. "Perla ahora eres mi sangre, te amo" 11-12-08. Los borraré cuando una mi vida eternamente ante mi hombre idóneo.

09/02/2009 Jhon

Si vengo a buscarte, ¿volverás conmigo a España?.

09/02/2009 Perla

Qué difícil es la comunicación contigo, me hace falta verte, así sea por cámara, porqué me castigas tanto, no lo merezco, nene por favor entra a...
Te la dedico con todo mi amor...Amor bello que hago para olvidarte, ¿si no te tengo? Tuya, Perla.

10/02/2009 Perla

Mi bella cosita, me haces falta, vivo buscándote como hormiguita debajo de las rocas.
Te amo, porque eres como mi Jesús encarnado en Jhon. Pregúntale a Dios ¿porqué te amo?, ¿No debería amarte?, ¿Me equivoqué?. El culpable eres tú....igual pase lo que pase, te amo.

10/02/2009 Perla

Amor no soporto, acabo de salir de la ducha, este amor espiritual ¿a dónde me va a llevar?.
Hay bebys, no sé qué pasará con todo esto, no sé a qué

someterme, dímelo tú ....con tu corazón. Ya me alisto, debo hablar con el juez de mis papeles, me falta aclarar algo.

10/02/2009 Perla

Jhon sé que algo está pasando, Dios te da sabiduría para tomar las mejores decisiones, por mí no te preocupes, piensa siempre en ti primero, no debes sacrificarte, ya Jesús lo hizo por todos. Adiós.

10/02/2009 Perla

Entiendo por lo que estás pasando, sé que estas teniendo dificultades por comunicarte conmigo, lo sentí....... por ello es mejor para que te evites más dificultades, que anules mi nombre de tu mente, prefiero un solo dolor.........
cuando ya pase todo esto, y cicatrice, solo será un bello recuerdo, adiós.

10/02/2009 Jhon

Voy a intentar ponerte la video cámara ahora.

10/02/2009 Jhon

Llama al móvil ahora, por favor, no me funciona bien Internet.

15/02/2009 Perla

No entiendo cómo me dices que te llame al móvil, si nunca me has dado el número, igual no deseo tenerlo.

15/02/2009 Jhon

¡Hola Mami!, te daré mi móvil pronto. Besitos al infinito.

16/02/2009 Perla

Buena tarde amorcito bello, espero te gusten mis canciones.... Nene por favor no me des ningún número de celular..... Espero que te sientas mejor en todo sentido, y el día de los enamorados te consintieran como te lo mereces.

16/02/2009 Jhon

¡Buenas días mi amor!, me siento ridículo, me duele muchísimo que tus ojos me miren con frialdad y que dudes de mis sentimientos por ti. ¿Tu crees realmente que no te quiero?, ¿cómo puedes decirme eso o de dudar? ,cómo crees que puedo resentirte en mí cuando estas triste, o lloras, o piensas muy fuerte en mí, o si no fuese así porque te llevo en mi corazón , en mi alma y estoy en comunión energéticamente contigo. Sé que te duele que no te escriba a veces, o no te llame, no lo hago porque no te ame, sino porque te amo demasiado, porque tengo miedo que nunca llegue el día de concretizar el amor, el fuego, la pasión que arde en mi interior. Pienso en el día y en la ansia que tengo de hacerte mía para siempre, pero no quiero hacerte sufrir durante mucho tiempo esperando algo que quizás nunca llegará. Cuando escucho mi música en el coche pienso en ti, cuando camino pienso en ti, cuando respiro profundamente pensando en ti, te resiento dentro de mí, encendiéndose una llama en mi interior sabiendo que me amas muy fuerte y sin fallas. ¿Cómo puedes dudar de mis sentimientos por ti?. Eso me duele y tortura mi espíritu. ¿Cómo hacerte comprender lo que llevo dentro?. Amor mío, yo no soy un hombre común, Dios me ha hecho ver un ángel a los tres años y me ha salvado la vida enviándome otros ángeles, no sé porque hizo eso por mí, el tendrá sus razones, tampoco sé porque te puso en mi camino, pero lo que sí sé es lo que resiento por ti y amo a Dios sobre todas las cosas, no soy un hombre perfecto en mis actos o en mis pensamientos pero soy un hombre que tiene dignidad y ama con el corazón, soy sensible, romántico, apasionado, sincero, generoso, quizás te ame demasiado, pero tu sabes que en la vida hay responsabilidades, sacrificios, son primero mis hijos en que pienso, me necesitan son muy pequeños todavía. Yo no sé lo que mi Señor me ha reservado pero pase lo que pase, si tú y yo no podríamos concretizar lo nuestro quiero que seas mi mejor amiga, que nos escribamos y continuemos llamándonos por teléfono porque no quiero perderte, eres mi paz, mi pasión, mi tranquilidad de espíritu, necesito tanto encontrarte en carne y hueso que daría todo lo que tengo por ello. Así que para de mirarme con frialdad, como si no hubiera nada entre nosotros, como si se hubiera acabado, si quieres dejarlo así lo dejamos pero continuemos como amigos en ese caso. Te amo mi querida y amada esposa Perla.

16/02/2009 Jhon

¡Mi amor, mi amor, mi amor!, ¿qué me haces?, la canción de... es exactamente lo que resiento por ti, nunca he sentido tanto por alguien que ni siquiera he podido tocar con mis propias manos y sentir el calor de su cuerpo. Yo sé que tu estás hecha para mí, cuando vi tus ojos en la video cámara llegué a leer en tu alma y comprendí muchas cosas, aunque si tu no quisieras más de mí, nunca yo dejaré de amarte y con esa canción has vuelto hacerme llorar. Te quiero vida mía.

17/02/2009 Perla

Buen día, mi amor, aún no entiendo que pasa conmigo, he gritado tan fuerte tu nombre, creo que me escuchaste, deseo que seas mío solo mío....bebys ya no más, necesito sentirte dentro de mí, así sean 5 minutos....ya no puedo más, te amo, ¡y qué!.

17/02/2009 Perla

  Sin tu respiración, sin tu corazón agitado, sin tu sonrisa, sin tu rostro, sin tus tristezas, ¿sin ti?. Dímelo.

17/02/2009 Perla

Amor, gracias por esa linda comunicación, tu sabes que no me interesan las llamadas de ella, ni sus insultos, igual al Papá, él entiende mi situación....   .
Vida mía quiero que nadie te toque un cabello, porque tu eres

solo mío por derecho Celestial propio, estoy para ti, y no sé si podré ser de algún hombre, porque tu eres mi sangre......lo único que me queda es amarte y orar mucho por lo nuestro... .

Recuerdo la historia del príncipe... casado con su diosa... luego se caso con su... pero enamorado... te amo, te necesito, te extraño, estoy contigo.

17/02/2009 Jhon

Niña eres más guapa que...tampoco yo soy un príncipe, solo un hijo de Dios,¡besitos!, ¡me has hecho reír con eso!.

17/02/2009 Perla

Lo que desees pídelo en el silencio de tu alma, con fuerza haré lo mismo y pronto será una realidad, con fe logras milagros sorprendentes, entiéndeme que te amo, es el sentimiento más puro de mi ser.

17/02/2009 Jhon

El domingo por la tarde fui a la iglesia y quemé cinco velas pidiendo a Dios que me enseñe el camino para guiarme al amor y la paz. Te quiero.

17/02/2009 Perla

Por lo menos serví para reforzar tu matrimonio, disfrutalo en todo sentido, lo que sentí hoy fue solo como una despedida, sé que ahora te alejas más, ya estarás definitivamente en tu jaulita de oro, por ello estoy así, pero ya pasará...trata de sacarle el mejor provecho...sé que con tu nueva vida, estarás mejor, te deseo mucha suerte. Eres una cosita preciosa y mereces ser dichoso. Te amo Jhon, pero tu corazón pertenece a tu esposita.

17/02/2009 Perla

Escucha la voz de mi corazón, diciendo: "Jhon te quiero, te amo, te necesito, te extraño".

Hoy estoy llevada, auxilio!

18/02/2009 Jhon

???? ¿Perla estás jugando conmigo desde el principio?, ¿con mis sentimientos?.

18/02/2009 Perla

Bebys me da tristeza que pienses esto, te he dado todo de mí, me puedes tomar cuando quieras...entiéndeme, si ahora no nos podemos comunicar...después sin las tiendas, menos, porque ya vas a estar con ella 26 horas al día vigilado, entonces lo tomo como una despedida.....eres cruel conmigo.

18/02/2009 Jhon

¿Qué quieres decir con que te puedo tomar cuando quiera?.

18/02/2009 Jhon

Voy a montar otras dos tiendas en la playa, y voy a construir otra casa en el terreno que tengo detrás. No soy cruel contigo solo te amo.

18/02/2009 Jhon

¿Entonces se acabo mi amor entre tú y yo?, ¿eso es lo que quieres decirme?, ¡no te comprendo!, me has aniquilado como persona.

18/02/2009 Perla

Nene no me digas eso, me duele, por favor, me destrozas.

18/02/2009 Perla

Mi papi no comprendes a una mujer realmente enamorada, te he dicho que soy capaz de hacer mucho por verte cinco minutos, ¿no comprendes que te amo?.

18/02/2009 Jhon

Te he enviado por correo una carta, lo que es extraño es que la chica de correos me ha dicho: ¿para Colombia?. No sé, tengo el presentimiento que el correo va a ser controlado por las fuerzas de seguridad del Estado español y quizás luego por las de Colombia. Besos.

18/02/2009 Perla

Buen día mi vida, no te preocupes el amor no lo pueden revisar mucho, jajajja.

18/02/2009 Perla

Igual te amo mi vida, estoy ansiosa por leer tu carta, será mi talismán sagrado, porque viene de tus manos.

18/02/2009 Perla

Cada día te necesito más, cada día te extraño más, cada día te deseo más, ¡y qué!.

18/02/2009 Perla

Mi papi quisiera meterme en tu respiración para estar siempre a tu lado,........ ¿Me dejas?. Sé que este sentimiento tan energético nunca se me pasará, así comparta mi vida con otro ser, tu serás mi inspiración para seguir viviendo en el Señor, tengo deseos de darte un abrazo grande, tuya mi vida.

18/02/2009 Perla

Tu sabes que no puedo acabar con un sentimiento tan fuerte....lo que se acaba es que no te puedas comunicar conmigo, entiéndeme vida mía...por favor, te adoro.

18/02/2009 Jhon

¡El teléfono existe mi amor!, cosa linda me haces temblar de miedo y de amor, mi corazón se acelera.

18/02/2009 Perla

¿Cuál teléfono mi vida?. ¿ miedo?. No lo tengas, estamos con Dios y nuestro amor se funde rápidamente.

18/02/2009 Perla

Pero yo te amo más mi vida, no me trates así que me derrites de dolor.

18/02/2009 Perla

Claro mi amor, cuando desees tomarme ya sabes dónde encontrarme, tu lo resientes, y no puedo ocultar mi amor por ti, pero no pienses que te estoy dejando, eres un caprichosito lindo, mi consentido bello.

18/02/2009 Perla

Será que ya merezco algo lindo de ti, ni siquiera me has saludado....

18/02/2009 Jhon

Perdona mi amor pero me has derretido y no comprendo nada de lo que me está pasando.

18/02/2009 Perla

No lo comprendas mi cielo, sólo vívelo te amo.

18/02/2009 Perla

Nuestro amor se une rápidamente, porque así lo siento mi vida....¿dime de qué teléfono me hablas?.

18/02/2009 Jhon

Si dentro de un mes o dos llego a Bogotá y te llamo, ¿qué harías conmigo?

18/02/2009 Perla

¿Qué te haría?, atenderte como un príncipe, como un Jesús en su pesebre.

18/02/2009 Perla

Sí, me acosté a la media noche, laboré hasta las 10:30 pm y llegué tarde donde Sama .
Nene no me respondes ¿de qué teléfono me hablas?.

18/02/2009 Jhon

Te dije que te puedo llamar por teléfono aunque no me comunicara por Internet. ¿Es verdad que quieres venir a valencia el 1 de mayo?, y si sí, ¿por cuánto tiempo?, ese día estaré trabajando en las nuevas tiendas todo el día. No me has contestado a todas mis preguntas, espero las respuestas, ¿cuántas horas haces por semana?. ¡Besitos mi amor!, dulce Perla mía, vida mía.

18/02/2009 Perla

Creo que respondí todo lo solicitado......veo que estarás ocupado el 1 de mayo, no te preocupes buscaré que hacer, sólo me quedaré 15 días....en mi labor no existe el tiempo, pero tú no lo mereces.

18/02/2009 Jhon

¡Buenos días mi Mami!, ¿yo no lo merezco?. ¡Niña mala!, ¿de Verdad vas a venir?. Mi corazón se ha acelerado de repente y bate a casi 180 pulsaciones, te buscaré un piso en Cullera, en fin si vienes por mí, a verme. ¿Y tu amigo suizo que haces de él?. Me cuesta creérmelo pero se me está haciendo un nudo en el estómago y siento que es verdad. Cullera es una ciudad turística que posee una de las playas más bonitas de Europa, con arena extra fina y un agua caliente y limpia. Es una ciudad animada y hay turismo desde marzo hasta finales de octubre, el resto del año siempre hay personas mayores porque hace muy buen tiempo, tenemos más de 300 días de sol por año. Cullera siempre ha sido mi pequeño paraíso. Hay la montaña y un río que desemboca en el mediterráneo, este río es el Júcar. Cullera es una palabra del valenciano y su traducción en castellano significa cuchara porque es la bahía de los naranjos. Hay 15 km de playa, también hay un castillo en la montaña. Desde arriba, dicen que se podía ver Ibiza pero con la contaminación del aire, ya no es posible. No sabes la ilusión que tengo si vienes, ¡ya no soy un hombre en una jaula de oro, tu me liberaste!, solo soy un hombre enamorado que muere por poder dar todo su amor. Mi pedacito de amor, ¡te quiero!. Besos.

¡Cariño!, no me has contestado a todo. Te dije si tenias permiso de conducir (carné), si el todo terreno gris plateado es tuyo. Tengo varios clientes de Colombia y les he preguntado que me hablen de tu país. Un joven lleva ya aquí 18 meses y vivía a 1 hora de Bogotá. Eso no es vida mi amor, tú y todo el mundo se merece lo mejor, hay que trabajar para vivir pero no vivir para trabajar. Yo que me quejaba que hacía el doble de horas de cualquier persona y estoy harto de eso, ahora comprendo la situación de otras personas que trabajan más por sobrevivir, yo por lo menos ganaba mucho dinero, tenía muchas responsabilidades.

19/02/2009 Perla

Mi vida te doy toda yo, ayer me heriste demasiado, cuando me dices ese día (1 mayo) trabajaré todo el día en las nuevas tiendas, lo entendí: mira no te veré, primero mi trabajo, te imaginas cómo rompiste mi alma, el dolor me invadió cada pedacito de mi ser. Anoche llegué a la media noche a donde Sama, quería escribirte tanto, pero mi dolor no lo permitió, de pronto te lastimaba con todo lo que quería decirte....hoy al encontrar tus mensajes eso me llena de alimento espiritual, tus escritos causan maravillas en mi alma. Bebys, la todo terreno es de mi tío, si tengo pase de conducir pero caducado, creo que ya olvidé conducir, aún no tengo camioneta, las adoro.

19/02/2009 Perla

El deseo más grande que tengo ahora es tenerte, estaba hablando con un embajador para poder viajar, pero ayer me rompiste la ilusión. Dios sabe todo el amor, la pasión que tengo para el único hombre que quiero para mí, para que se unan nuestros espíritus...,pero voy a tranquilizar mi destino...,no te preocupes no seré importuna para ti en tu tierra, si algún día puedes venir a mí, estaremos dispuestas a recibirte con todo gusto. Con lo del suizo: lo resolveré el primer día de abril como quedamos. Te amo mi Jhon.

19/02/2009 Jhon

Perdona amor, yo no quería herirte, no era mi intención solo quería decirte que elegiste un día en el que estoy obligado a trabajar y me hubiera gustado muchísimo ser yo que te reciba aquí en el aeropuerto, recibir a la mujer que amo, yo y nadie más debe esperarte. Por favor que mis palabras no te hieran nunca más porque no es mi propósito, eres muy susceptible y sensible a ellas, intentaré hacer cuidado con ello. ¿No vienes sola?, me

Dices ¡estaremos dispuestas a recibirte con todo gusto!. Vienes a Cullera ¿verdad?. Debo Buscarte un piso (¿dos habitaciones o tres habitaciones?), ¿a qué hora llegas al aeropuerto?. Dímelo todo cuando lo sepas, yo haré todo lo que esté en mis manos para ir a buscarte, va a ser muy difícil pero lo intentaré, quiero cerrarte entre mis brazos en el aeropuerto.

19/02/2009 Perla

He preguntado mucho de tu Cullera, pero lo único que me interesa es una cosita de 1,90 M que es bellísima, y se metió en mí un 28 de noviembre, para destrozar su ropa con mis dientes y forrarla de mis besos suaves por cada poro, para que erice sus folículos y bajando y bajando, llegar a lo más sagrado y poder saciarme poco a poco con mucha pasión de ti....Te tomo como lo más deseado que la tierra ha puesto para mí......que tal un poco de crema en tu cuerpo desnudo, para pasar mi lengua lentamente sobre él........que tal embriagar tu cuerpo de grandes excitaciones.

Mi Jhonda, te deseo.

19/02/2009 Perla

Cuando te digo que te recibimos con todos los juguetes, me refiero a Sama, y yo....,Como sé que es difícil para ti, no te preocupes mi príncipe.... ya Dios abrirá tus canales para que vengas a nosotras.
Amor te deseo demasiado, y ¡¡qué!!.

19/02/2009 Perla

Mi esposito esto es realidad, porque amar no es pecado, y más como yo lo hago. Ya te dije: mi amor es más grande que el universo y Dios te escogió para mí sola y él fundirá nuestras vidas para su eternidad, anhélalo con fuerza de fe.

19/02/2009 Perla

Así quiero tu cuerpo extendido para mí.... desnudo y delicado, paso mis uñas muy suave casi sin sentir, para que saborees el verdadero placer. Ahora las yemas de mis dedos pasan por ese mural que tienes, mi lengua suave, suave, suave..., mis besos pícaros, y te dejas llevar hasta lo infinito y gimes de placer, ¡nuestras pieles ya no soportan más!.

19/02/2009 Perla

En nuestro puro amor, no existen bromas, ni temores, solo es libertad, para saciarnos de amor, felicidad, alegría, placer....te tomo de tus manos, corriendo por el riachuelo, jugando como dos niños, te impulso agua en tu tibia cara, voy metiendo mi mano por tu piel agitada, y debajo de aquél frondoso árbol te libero de tu mundo, mi inquieta mano no soporta mi tentación de tocar tu...., pero mis dedos no contentos, prefieren pedir ayuda a mi... que toma tu.... para jugar con tanto frenesí y él que no desea salir de allí, sigue impulsando su fuerza y su circulación aumenta, aumenta, y yo a gritos te digo: ¡Jhon!...... para llegar a éxtasis del verdadero vivir, soy solo tuya.

19/02/2009 Perla

Amor si te molesta como soy dímelo. Te quedaste callado pero no puedo ocultar lo que verdaderamente siento.

19/02/2009 Perla

Pero no puedo más vida mía, estoy conectada a tu placer, déjame bajar a tus piernas,   ,
siénteme arrodillada a él, por favor.

19/02/2009 Perla

Hago lo que Dios me ha permitido hacer, me ha dicho a la madrugada: "ámalo sin límites".   .

19/02/2009 Perla

Si mi amor derritete encima mío, gimiendo a gritos saboreando el verdadero placer.

19/02/2009 Perla

Si quiero matarte de locura pasional, que veas que en estos 97 cm está el verdadero placer mezclado con puro y fresco amor.

19/02/2009 Perla

Ayer cuando rompiste mi alma llamé a....., para que suspendiera mis trámites, ahora solo será cuando tu puedas venir y si lo haces prepárate mi amor, porque dejaras todo el placer solo en mí.

19/02/2009 Perla

Cuando estemos haciendo el amor, no metas otros temas, mi excitación no para y sabré saborearte tantas veces sea necesario, porque tu piel es un postre para mí gusto, te amo mi vida y serás mío en cuerpo, alma y mente, y ese día no tendrás tiempo ni de hablar, te mantendré tu boca muy ocupada, mis besos pasionales no descansaran, mi amor, mi amor, mi amor...mi bello amor.

19/02/2009 Perla

Buena tarde mi príncipe, el Papá está diciendo, "qué es lo que le da esa computadora, que no se separa de ella..... es que le da leche".
Me ha dado risa, de pensar que ... me dé toda su lechita, porque la siento pura, para soborearla.......y alimentar mis células con ella. Amor me dices que soy muy sensible, como tú lo eres, pero ya he hecho dos intentos de hacer papeles para verte en Valencia y tú me desilusionas, ayer apagaste nuevamente la llama, escribiendo " esa fecha trabajo todo el día en las nuevas tiendas" eso fue un balazo muy fuerte, a mi corazón lo desangraste totalmente. Hoy me escribes: te recojo al aeropuerto, pero será muy difícil, igual si voy tu no podrás estar conmigo, lo único que haré es terminar tu tranquilidad y eso no es lo que deseo......entonces Dios caminará contigo a nosotras si es su Santa Voluntad, seré

tu..., te parece amorcito bello....

Sé que haces lo mejor que puedes, pero tu silencio, me hace daño, por ello en algunas ocasiones te escribo, "que borres mi nombre de tu cerebro", así con ello sé que puedo llorar mi duelo y superarme....no me creas falsas esperanzas... La verdad es que la energía tuya la tengo muy conectada a la mía, con un sello Celestial... y si tú sientes lo mismo que yo, algún día fusionaremos nuestras vidas para el servicio de Dios, en su infinita gratitud. Bebys: no me preguntes que haré contigo cuando vengas a mí, porque mi mente es muy traviesa y si tu me lo permites haremos nuestros deseos pasionales reales, tus fantasías son complacidas, porque cuando amas lo demás es sagrado.

Recuerda, te amo, y no son solo letras, son mis sentimientos plasmados en escritos. Soy tuya.

19/02/2009 Jhon

Si Papá supiera lo que nos decimos saltaría al techo!!!jajaja!!!, besitos.

19/02/2009 Jhon

¡Amor mío! ¿Piensas en encontrarme algún día?. Si tu corazón te dice de venir ven entonces, sabes lo que resiento por ti y es sincero bebé, quizás he sido torpe escribiendo, pero eso no quita los sentimientos que tengo por ti. Cuando leas mi historia, al fin comprenderás el final y no tendrás más dudas. Si tu tienes desconfianza, a mí también me pasa de dudar, pero eso es nuestra inteligencia que no sigue siempre el corazón, para estar seguros de nosotros tendremos que encontrarnos y ver que reacción tendrán nuestros sentimientos, y si no nos encontramos nunca, sentiremos por el resto de nuestras vidas, de haber perdido la oportunidad de vivir un amor inmenso hasta el final de nuestra existencia. Para ti es más fácil de venir que yo, solo tienes que coger unos días de vacaciones, puesto que no tienes que responder a nadie de lo que haces. Para mí supondría perderlo todo si tú y yo no cuajáramos, pues tengo mis hijos, Marly y toda la temporada que empieza a partir del mes que viene hasta octubre, por eso si te atreves te pido de venir y que sea lo que Dios quiera, yo te reservaré un apartamento en el momento que sepas que día llegas. Lo que no puedo prometerte es el tiempo que podré dedicarte, aunque podríamos pasar más tiempo de lo que crees, porque podrías venir a la tienda donde yo estaré en principio solo, pues Marly estará en la otra. Besos Mami de amor ¿qué piensas?.

19/02/2009 Jhon

¡Bueno Mami de amor!, voy a cerrar la tienda y mañana espero encontrar tus mensajes, pienso en ti a cada instante de mi existencia. Marly debe ir a París al mes que viene 3 o 4 días, me imagino que será al final de mes. Hubiera sido perfecto que tu estuvieras aquí conmigo para compartir mi cama aunque solo habláramos y no hiciéramos nada, nos conoceríamos y podríamos mirarnos en los ojos y si sentimos el deseo crecer, consumirlo apasionadamente, tiernamente, poquito a poco para saborearlo intensément, que sea inolvidable. Ya te daré las fechas cuando lo sepa pues debe reservar de antemano para que sea más económico. Besos mi amor por todo tu cuerpo y sobre todo a…. que acaricio, beso hasta que ya no puedas más…

20/02/2009 Jhon

En estos momentos me siento vacío de verte que bajas la guardia, que abandonas, que pierdes la fe, me has dicho es luchar contra corriente. Ya no sé qué pensar, he llorado tanto por ti de ver que estas tan lejos, de verte sufrir, llorar, luchar, creer y volver a dejar de esperar, pero piensa que yo estoy viviendo lo mismo que tú, por momentos creo que pronto estaremos juntos y otras veces pienso que es una batalla perdida de antemano. Por favor no me vuelvas a pedir que te quite de mi mente pues eso es algo imposible estás anclada en mí, en lo más profundo, en mi alma, en fin en lo que me queda de ella pues te la di el 28 de noviembre del 2008 y solo me queda un pedacito que me sirve para resentirte dentro de mí, cuando se enciende esa llama para decirme que me llamas, que me haces el amor, que lloras, que ríes, que piensas en mí……Como tu me has dicho antes, no entiendo el porqué Dios te puso delante de mí, si no era para estar juntos, ¿de qué ha servido entonces?, ¿qué quiere que comprendamos con ello?, que para amar de verdad ¿hay que sufrir?, ¿y aún sufriendo no se puede amar?. Esta mañana le dije al Señor, si amar es pecado entonces quiero vivir en el pecado, porque todo mi ser se estremece

pensando en ella, imaginando a cada instante nuestro encuentro por la primera vez. ¡Qué pasará ese día tan maravilloso!. Daría todo cuanto poseo para tenerla en mis brazos aunque solo fuera una solo vez y luego nos separáramos para siempre, me contento con un solo encuentro si no es posible más. Hay tantas injusticias en el mundo que por una vez que dos seres se aman con toda su alma, que anhelan estar juntos parece una montaña insuperable. Los caminos de Dios son impenetrables y debemos guardar la fe intacta porque él nos da lo que necesitamos. Guardaré esperanza, no se sabe nunca, pues la vida da muchas vueltas. Perla para mí serás siempre mi esposa aunque no estemos juntos, te amaré siempre y espero de todo corazón que nos veamos rápidamente. Te amo mi Mami, mi bebé, mi mujer....

20/02/2009 Perla

Hola cosita preciosa, gracias por lo que dices, tu también eres una persona extraordinaria, eres mi talla en todo, te amo.

20/02/2009 Perla

Amorcito me encanta cuando me escribes largas frases, eso alimenta más y más mi esperanza. No he bajado la guardia, hoy cuando me buscaron tu perfil, sí que me ha dolido, pero bueno ya me explicaste....

Mi niño lindo, mi precioso, cuando me llamas al móvil, se paraliza mi mundo, me quedo soñando, que solo existimos tú y yo....cómo será el perfecto día que me digas "Mami estaré en Bogotá, el ....del año......", me estremezco con solo pensarlo...eso suena a cuentas de hadas, ¿verdad mi bebys?.

Papi, estoy ansiosa de ver tu carta, de oler, sentir tus manos que la escribieron, será como un talismán, gracias amor por ser perfecto, te quiero esposito mío, solo mío.

20/02/2009 Perla

Papi: también me pregunto: ¿ para qué Dios me ha puesto en este camino ?, y lo único que deduzco es: soy su instrumento para activar tu matrimonio, y que ella te sepa cuidar, valorar consentir como te lo mereces, y creo que funcionó.

Mi bello, ella te absorbe 26 horas al día, me has demostrado que no puedes usar el..., ni..., ni llamar, entonces cómo pretendes que vaya a Cullera a formar una nueva isla llamada Perla... y llenarla de mis lágrimas, creo que no lucharé con esa corriente.

Cómo te conté del.... me llamó el sábado y en mi estado de vigilia, me cuenta que me preguntó: ¿"Perla me amas"? y que yo le había respondido: "te amo mucho, mi Jhon". Estaba enojado, me ha confesado como una vil pecadora

Le dije que podía atenderlo en Bogotá, en un hotel, pero que no estaba lista para una relación sexual. Prefiero atenderlo sólo como un amigo, en proceso de conocerlo.

20/02/2009 Perla

Hola mi elefantito, ya me voy, viajaré fuera de la ciudad, tengo una misa de 7:00pm hasta las 12:00 pm, es algo muy bonito. Necesito compenetrarme más a Dios.
Mañana estaré en esta población visitando un ancianato, para consentir mis viejitos lindos....Me ilusionaste con lo del... mañana y con cámara, pero ya tengo un compromiso con ellos. Todos necesitan mucho amor y ternura. Vieras como me abrazan ......en todo caso mi vida, en vez de tomar un computador, tomas un teléfono y me llamas sisisi, me encanta escucharte...o compra

tarjetas y me llamas del tuyo, y borras todas las llamadas salientes. Recuerda, te amo, pero por favor no dejes de escribir mensajes extensos y llamar, eres muy importante para mí, nadie me cree que pueda estar enamorada de alguien que no conozco personalmente....pero lo estoy y !qué¡.

20/02/2009 Perla

Amo que me llames, tu voz entra directo a.... y quiero que tus manos también lo hagan......wowo, te deseo.

21/02/2009 Jhon

¡Hola mi preciosa perla!, yo también te deseo. Te Llamaré.

23/02/2009 Perla

¡Mi amor, mi bello amor!, estoy sorprendida la mágia que siento por ti mi vida, es algo tan fuerte que no sé como explicártelo, y no sé que puedo hacer con esta serie de sentimientos, ya me asustan....Sé que no has podido dormir bien, me pasó lo mismo, a pesar que trate de hacerlo desde las 11:00 pm de mi hora, pero fue imposible, tu espíritu ha entrado en mí como lluvia a la tierra. Intento tranquilizarme, pero tú...tú...tu ocupas toda mi mente, mi corazón y mi pasión.

Llegué hoy a Bogotá, después de mi retiro y ayuno espiritual.... a las 5:00 am directo al hospital, lo primero que hago es buscar tus mensajes en este..., pero encuentro uno muy pobre, pero gracias mi vida.... te amo.

Mi bebys, Dios sana tu sangre, le cumpliré con una promesa desde este miércoles de ceniza y después cada viernes de cuaresma haré ayuno por tu salud mi vida, ya ves que Dios está dentro de ti.

Te amo amor, necesito de ti......he recibido tu mensaje de texto 15 veces, me tienes anonadada, tuya Perla.

23/02/2009 Perla

Buen día mi amor, gracias por toda tu confianza, en este momento he recibido 21 veces tu mismo mensaje: "hace casi una hora que te siento sin parar mi amor" me encantan tus mensajes. Mi bebys si no deseas perder a tu esposa no lo hagas...tus hijos nunca los perderás......tu siempre serás, su principal canal. Tus bienes son prestados como todo lo demás, ni siquiera somos dueños de nuestra propia vida.

Mi cielo, no soy nadie para darte consejos, lo único que puedo hacer es darte algunas opiniones y tu sacarás tus propias conclusiones.......¿aún dudas de mí?,,,,, Qué piensas que después de amarte 50 años te voy a dejar, ¿qué te voy amar solo por un tiempo?.

Te digo hoy 23 de febrero de 2009: Jhon, te juro por el ser más amado que tengo dentro de mi corazón que es Dios, que estoy muy segura de ti, y te ofrezco todo lo mío, sé que no tengo un palacio como el tuyo, pero te doy mi pesebre, sé que no tengo la belleza social que tienes, pero doy mi belleza espiritual, si no deseas que hable más en...... no lo haré durante este mes que me queda de promesa ante ti.   .

Tu sabes que el suizo no vendrá antes de lo estipulado, porque te lo prometí.   .

Jhon: tu sabes soy tuya, y tu lo sientes y eres bienvenido a mi mundo: de amor, de libertad, de paz, de humildad. Solo debes tomarlo, soy una mujer de palabra. Algunas decisiones nos duele, pero son superables....lo que concluyas te lo respeto, siempre te lo he dicho.   .

Tu sabes que es lo que siento por ti, es superior a mi mundo, es algo mágico...   .

Creo que 1,90 y 87 kilos caben donde Sama, pero especialmente en mi corazón, para cuidarlos, amarlos, seducirlos, mejor no sigo. Además aún te queda un mes para que tomes tu decisión..., Te quiero.

23/02/2009 Jhon

!Hola mi amor!, no solo te sentí cuando te envié ese mensaje de texto, pero también lo hice a las 12h15 de la mañana hora tuya, pero me cogiste en el cine y busqué un teléfono pero no lo había. Presentí que querías que te llamara. El sábado recibí una llamada anónima a las 20h25 y pensé que habías sido tú, pero no tenía ninguna certeza de eso. Hoy me siento deprimido, muy deprimido, volví a discutirme con Marly y me acordé el porqué quiero quitarla. Sentía la necesidad de llamarte para decirte que si estabas segura que querías de mí, porque me entró unas ganas de coger mi maleta y irme a Bogotá. Tienes que estar muy segura de ello, porque en el momento que lo haga lo abre perdido todo y me quedaré sin nada, sin Marly, sin hijos, sin bienes, llegaría sin dinero solo mi 1.90, mis papeles y mi ropa. Te extraño mucho, me tienes loco de tu amor, no me reconozco pero estoy seguro de lo que siento por ti, es algo inmenso y inexplicable, no puedo soportar la idea de que algún hombre te posea, porque te siento mía y quiero que lo seas. Solo de pensar en tu amigo suizo que va a venir muy pronto se me pone el pelo de punta y no quiero que hables con nadie más en ..... o donde sea. Una de las razones por la que me enfadé con ella fue porque quiere reanudar relaciones sexuales conmigo y yo no quiero por el momento, te pienso demasiado y solo quiero entregarme a ti, solamente a ti. Ella solo quiere intentar recuperarme.

23/02/2009 Jhon

Otra razón de mi enfado es porque quiere hacer un préstamo hipotecando la casa para poder realizar diferentes trabajos de albañilería y construir otra. Si hiciera eso me pondría cadenas y ya no sería libre para irme cuando quisiera. Todo eso y otros asuntos que tengo pendientes hacen que las decisiones que debo tomar son difíciles, porque de ello depende que tú y yo estemos juntos, por eso que necesito estar seguro, yo tengo confianza en ti Perla, pero no puedo evitar que mi materia gris se haga preguntas y busque respuestas. Lo más simple para mí hubiera sido que tu vinieras aquí para conocernos en carne y hueso y creo que hubiera sido muy posible que volviera contigo en el mismo avión a la vuelta. Perla no has consolidado mi matrimonio, he sufrido mucho durante años y algo se ha roto entre ella y yo. Me preguntas si la amo, mis sentimientos están muy confundidos en estos momentos para darte una respuesta, creo que me da lástima y no me gusta hacer sufrir a nadie, pero tendré que pasar ese dolor para al fin poder ser feliz. Te amo Perla.

23/02/2009 Perla

Mira mi amor, está bien que te manejen tu sexualidad, tu vida, tus sentimientos, tus emociones, tu celular, tus decisiones...,pero por favor no permitas que te maneje tu economía, tu sabes que en este momento estamos de baja mundial, ya deja la avaricia material, creo que viven en algo mucho más de lo que en realidad necesitan......y menos con dinero en préstamo, ¿ crees que ese nuevo palacio es urgente?.

Puedes estar muy seguro de mí, dime que dudas tienes, el día que llegues a mí, solo te quedarás lo que tu quieras...por mi eternamente......dile a tu materia gris que haga su cuestionario tranquilamente, seré tu espejo y contestaré...

Te amo Jhon, pero no te buscaré en tus condiciones, no deseo mendigar amor, soy muy valiosa para recibir tan poco....y tu lo sabes, sufro , porque no tengo libertad ante ti, en cambio tu me tienes completamente.

Gracias al Señor todo se supera, somos lastimados y también herimos, ese es el circulo de la vida.

En este momento de tu vida ya con 40 años de edad, no deberías tener sentimientos confundidos.... la vida nos enseña a analizar lo que verdaderamente queremos...... te amo.

Jhon, igual nunca pienses en mí, piensa solo en ti.

23/02/2009 Perla

Mi vida, quiero agradecer estos tres meses que cumplimos el próximo sábado, de puro y cristalino amor, eso me hizo ilusionar y abrir de nuevo mi corazón...., te quiero mi Jhonda.

23/02/2009 Jhon

¡Mi preciosa perla!, estoy loco de amor por ti, no puedo hacer ningún gesto sin que piense en ti primero, tiemblo sin cesar cuando veo tus mensajes y me llenas el corazón de felicidad, te amo por la eternidad, y serás siempre mi esposa pase lo que pase. No puedo creer que Dios nos haya hecho cruzarnos en el camino sin razón, lo que resiento es demasiado fuerte y supera todo entendimiento y me vuelve loco, más que tu le pides al Señor, que si no soy tu hombre, que te aleje de mí y que sea yo que te deje, que EL me pone en tu camino con mensajes o con llamadas en ese instante que lo dices. Te amo.

24/02/2009 Perla

Buen día mi sol, espero que hoy ya esté tu corazón lleno de felicidad y seguridad, aunque nunca llegues a mí, nadie me separará de este sentimiento perfecto que anida en mi alma, siempre lo dejaré en mi sangre para que recorra mi ser.

Eso no lo dudes.... ¿tienes temor?..... bueno tengo el 90% de tu decisión, lo importante es que lleves una vida tranquila y llena de luz, y puedas desarrollar lo que tu corazón te dicte... te amo y hoy soy tuya......solo tuya.

Mi vida, lo que sucedió el domingo a mi hora 5:00 pm en mi cierre de mi retiro de liberación fue hermoso, sentí y vi que tu espíritu entro en mí, perdí hasta la respiración, los demás se asustaron. Les expliqué mi situación...no me pueden creer que me enamore de alguien a quien no conozco personalmente. Les informé que es algo más que amor, es energía pura y transparente que domina todo mi ser.

La verdad esposo mío no puedo explicar lo que me has llenado, es algo fuerte, pero también sé, como me dijiste:" no tengo el valor de dejarla, tengo los sentimientos confundidos, por ahora no puedo tener relaciones íntimas".

Todo esto lo interpreto, que debo calmar mi mayor deseo, tenerte en mis brazos eternamente.

No te preocupes vida mía, igual te esperaré hasta el último día de marzo, no volveré a……., es una promesa, hasta esa fecha, después dejaré fluir toda mi vida como llegue. Lo importante es que creas en mí ………como lo hago contigo.   .
Nuestros pensamientos están conectados, te iba decir que me colocaras en tu… como hombre, alguien de confianza, por si ella lo interroga. Necesito estar en contacto permanente, por favor dame el gusto de verte, escucharte, así te liberas un tis de tanta presión, te amo vida mía, soy tuya.   .

24/02/2009 Perla

Papito lindo: me pican los dedos en digitar los códigos de …….pero te lo prometí, hasta abril no volveré a entrar. Te amo vida mía, trata de que nos veamos mañana, necesito escucharte más seguido o déjame definitivamente.   .

24/02/2009 Perla

Por lo visto mi sano hombre, no lee los mensajes de Mami. Mi vida te pienso demasiado, te quiero.   .
Papito no te esfuerces en tomar decisiones, sé que ya la tienes definida, igual cumpliré mis promesas: no seré de nadie hasta el 1 de abril de 2009, después de esta fecha haré lo que fluya en mi camino….

Bueno amorcito espero verte mañana miércoles, por ahora te dejo, voy a seguir laborando y en una hora iré donde nuestra

Sama, debo alistar mi ayuno para orar y agradecer tu salud.... te amo vida mía.

25/02/2009 Perla

Buen día Papito mío, me suena excelente esta palabra "mi esposo", hoy te amo mucho mi vida......acabo de recibir un mensaje más de los del domingo.....me gustaría recibirlos, pero diferentes, no entiendo, si has enviado 35... puedes enviar los suficientes....... alegra mi existir, tuya Perla.

25/02/2009 Perla

Mi bebys, ya cumplí la misión, sé que no debo enviar mensajes en ese correo. Gracias mi vida, que miércoles de ceniza tan perfecto, me diste el mejor alimento... tú, Dios nos bendice con todo su amor, te adoro mi vida, tuya...

25/02/2009 Perla

Amorcito bello buen día, gracias por ese hermoso regalo que me has dado. Me adelantes nuestra celebración del sábado.

Te amo mi vida, cree en Mami, soy tu energía compatible. Me dices cuando nos podemos ver y trato de organizar mis pacientes...
¿si mi bebys?
Tuya hasta cuando Dios me lo permita.

26/02/2009 Perla

Buen día mi vida, ten fe en tu Señor, EL te ama y te sana, igual que lo hace con ella, dile que crea y eso la lleva a disfrutar de la magia de la perfección, y su salud es la mejor....Dios los bendice siempre.....te amo.
Ya estoy en tu nuevo......
Mi vida, lo siento, por favor recibe todo con mucho amor...es doloroso, pero hay que saberlo llevar, sé que hay cosas que no tienen explicaciones, o las tienen, pero no las entendemos....Te quiero mi vida, estoy contigo siempre.

26/02/2009 Perla

Tu sabes que te quiero más......
Mi niño precioso ya no te angusties en tomar decisiones. Ya la analizamos y es mejor que te quedes con ellos. Todo sana en la vida, cuando lo hacemos con verdadero amor. Te confirmo la dirección.

27/02/2009 Perla

Mi vida, que la luz de tu fe, conduzca tu camino. Amorcito, llegué anoche a las 11:30 pm y no me has dejado dormir, tuve presentimientos muy fuertes......mi vida necesito saber constantemente de ti......,te quiero esposo bello.

28/02/2009 Jhon

Perla mía, hoy es nuestro aniversario, hace tres meses que nos comprometimos como esposo y esposa. Intento imaginarte conmigo sentada sobre la arena viendo como nace el sol saliendo del mar, como la brisa marina acaricia tus cabellos, riéndonos, andando sobre la orilla mojándonos los pies, enseñándote el verdadero amor, la verdadera felicidad. Me imagino enseñarte el paisaje maravilloso de lo alto de la montaña en la iglesia del castillo, compartiendo contigo mi pequeño paraíso y enseñarte el río Júcar desembocando en el mar, al mismo tiempo que te tengo en mis brazos para que sientas mi calor, el calor de mi corazón y sientas en mis besos mi pasión, que eres mi Reina, la razón de mi existir, la que siempre he esperado. Me enamoré de tu corazón, de tu esencia, de tu manera de ser, de tu risa, de la manera de pensar y hacer las cosas, de tu fe, de la manera que pones tu mirada en mí, de tus ojos, de la entonación de tu voz..

Yo no necesito enamorar a una mujer que se encuentra a miles de kilómetros para tener una relación sexual, eso lo tengo aquí, cuando quiera y con quien quiera, pues soy un hombre bello y apuesto, y no soy presumido o vanidoso cuando lo digo, pero no es eso lo que busco, soy un hijo de Dios y creo en EL sobre todas las cosas, conoces mi historia con el Señor, lo que me ha hecho vivir.........en fin mi vida, te deseo un buen día y feliz aniversario de compromiso de la parte de un hombre simple que te ama.

28/02/2009 Perla

Mi vida casi no puedo escribir, ni hacer los oficios antes de salir, estoy muy emocionada, si regresas a..... escríbeme, hay veces me pongo como desconectada, te amo, feliz día.

28/02/2008 Perla

Aún mi corazón no para de vibrar, es una sensación tan especial, mi vida no te he dicho que el suizo viene sólo a tener relaciones sexuales, según él , viene a enfrentarnos y tomar la decisión de lo del matrimonio, quiere hablar con el Papá y dejar todo definido. El es una persona muy decente, pero me da entender por ejemplo " cuando te haga mía, nunca más querrás estar con otro hombre", porque te tomaré en mí, con la ternura más...Cosas así que no vienen al caso.
Igual ya no puedo atenderlo en "Sama"......si Dios lo trae, nos instalamos en un aparta-hotel...... y no sé que pueda pasar....,por lo menos le dije la verdad: " no creo poder estar contigo íntimamente".
Me responde: ¿por tu Jhon?, ¡el que amas!.........
Sólo esperaré para seguir el camino que Dios me ha preparado.....sé que es él perfecto y lo que venga para mí, lo recibo con amor y agradecimiento.
Papito: gracias por darme lo mejor que puedes, te amo demasiado, mi espíritu está con el tuyo, quiero que nades en el océano de mi cuerpo, tuya Perla.

28/02/2009 Perla

Sólo Dios marca el destino perfecto.

El primero de marzo le envié un mensaje de texto por teléfono a Perla para decirle que le deseaba toda la felicidad del mundo con su amigo suizo. Yo me encontraba en una situación difícil donde no podía tomar una decisión definitiva en cuanto a nuestra relación, porque tenía que solucionar lo de las tiendas con Marly y además, no podía gastarme el poco dinero que me quedaba para viajar pues tenía que asumir los alquileres, los estudios de mis hijos, la comida...

Una relación a esa distancia, del otro lado del océano, era muy complicada, por no decir imposible o que era una locura, pero los sentimientos con ella eran reales. Había encontrado una mujer que me correspondía en todo punto de vista y yo no soportaba a mi mujer, me irritaba por un sí o un no. Yo sentía la necesidad de escaparme y Perla me aportaba en ese momento lo que yo necesitaba.

Perla llevaba mucho tiempo una relación con un hombre de suiza que le proponía el matrimonio, pero ella, en ningún momento, le dijo que le amaba, pero siempre fue afectiva y cariñosa con él porque era una mujer abierta de espíritu, y lo que buscaba en esas páginas de amistad por Internet, era de aportar ayuda y re confort a los demás.

Lo que pasaba era, que ella sin darse cuenta, iba demasiado lejos y no sabía lo que su destino le reservaba, siempre busco su marido que debía ser un hombre espiritual, un hombre con mucha fe en Dios y veía tanto sufrimiento, tanta desesperación, tantas personas depresivas, tantas parejas que divorciaban o se separaban teniendo hijos, que sufría por ellos y como se comunicaba con los hijos al mismo tiempo se apiadaba de los niños porque son ellos su debilidad.

Como Perla no veía una situación clara conmigo y pensaba que no dejaría nunca a Marly, entonces nunca fue muy clara con el suizo, es como si se hubiera dejado una puerta abierta con él.

También conocía un chileno con tres niños que la querían mucho y ese señor también quería casarse con ella. Al mismo tiempo había otro hombre de Canadá que también la pretendía para casarse.

No es que Perla les diera a pensar que tenían una oportunidad, lo que pasaba es que ella desprende una energía muy especial, su voz, su manera de ver la vida, su fuerza moral, su firmeza, su ternura,..., hacen que los hombres sientan que es la mujer que todo hombre necesita.

Si Perla no hubiera tenido una pequeña esperanza de estar conmigo, seguramente se hubiera ido a Chile a ocuparse de los niños de ese chileño, no como esposa pero como amiga, en fin, eso quiero creer.

Al cabo de un mes, yo no podía soportar el hecho de no oír su voz, de no leer sus correos. No paraba de pensar en ella, había una fuerza en mi interior que la llamaba a gritos, necesitaba verla, oírla, olerla e incluso tocarla.

En mi cabeza no olvidaba la promesa que le había hecho, la de ir a visitarla, era necesario para mí de saber si esos sentimientos que me invadían eran sinceros, que no solo era una ilusión que mi cerebro había creado, que no solo era porque necesitaba una escapatoria a mis problemas porque estaba un poco depresivo. Sentía la necesidad de que si no pudiéramos estar juntos nunca, que por lo menos pudiera guardar su amistad. Debía o resignarme y dejar que hiciera su vida con otro, o intentar continuar nuestra relación hasta que fuera el buen momento de que yo pudiera viajar y verificar que nuestros sentimientos que teníamos el uno por el otro, eran verdaderos.

Así que decidí de volverla a llamar por teléfono y escribirle, y ella no me tenía rencor, sabía perdonar y comprender y fue de esta manera que reanudamos lo dejado, porque los dos pensábamos que nuestro amor era muy fuerte, pero Perla no quería darse falsas ilusiones y volver a sufrir. Tomé una cita para volver hacer un pasaporte porque Marly me había escondido el mío para impedirme que me fuera sin prevenir.

Nuevos mensajes:

12/04/2009 Perla

Hola amorcito bello, gracias por abrir nuevamente tu corazón, lo único que deseo es que no te cause dificultades, recuerda que la mayor libertad es saber amar, y quiero que me prometas que harás todo lo que esté a tu alcance, para conseguir tu felicidad, no importa con quien, pero que sientas un corazón lleno de gozo, como el mío, con todo me siento feliz, hasta el dolor se aceptarlo con amor y respeto, y eso te lo he demostrado, aunque me has herido demasiado, todo un mes acusandome de cosas imposibles, pero creo que te dejas influir por ella, para lo que has hecho, igual siempre perdono de corazón.   .

Mi vida esta semana mayor (Semana Santa) has limpiado mi espíritu de ti, tus hermosas perlas que me regalas cada día con tu preciosa voz, son mi mayor alegría, nuevamente le digo a Papá Dios: "Señor, has tocado sutilmente mi alma con él", pero por favor, no hagas que me duela tanto cuando se vuelva a separar, porque me lastimas, le he dicho a mi Padre Celestial que tenga misericordia de mí: " si es hombre reservado para estar a mi lado, déjalo o si no retíralo para siempre"....pero mira mi preciosa cosita, regresas, con más entrega y ello me confunde más, ¿qué quieres Dios de nosotros?, porqué este sentimiento es tan diferente a otros, pero depende solo de ti, tienes que tomar decisiones hoy, las que tu corazón te iluminen.......te amo, recuérdalo.

12/04/2009 Perla

Nene ese correo está muy pobre.

12/04/2009 Perla

Mi amor ya no me hagas sufrir más, mejor déjame definitivamente, aunque me duela, piénsalo.

12/04/2009 Perla

Mi bebé mejor me voy a dormir, estoy tomadita, cuidate, no me pongas cuidado, te amo.

14/04/2009 Perla

Buen día amor, no sé si puedas leer este mensaje, quiero decirte y que tengas muy presente, que te amo, que cuando te conocí ese 28-10-08 , no me inspiraste, ni siquiera un mal pensamiento, vi sólo una carita de niño caprichoso, luego viajaste con tu familia a Francia y no me importó........quisiera que ahora sintiera lo mismo como en aquellos días, pero me has enamorado de una forma extraordinaria. Amo tu ser, tu alma, tu espíritu, solo quiero de ti, tu amor, lo material sé conseguirlo por medio de mi Señor.
.
Mi Papi ayer me has dejado anonadada, no entiendo el contacto tan directo que tienes con el Espíritu Santo, como te revela mis planes, con fechas tan exactas..... y no sé cuantas cosas más te ha informado, pero igual no tengo nada que esconderte y tu alma lo

sabe.

Bebé no debes pedir perdón por la hora que llames, me dolió mucho no tener mi móvil activo, pero estaba sin batería y no lo recargué, por eso el contestador....tú sabes que me encanta escucharte, puedes comunicarte a la hora que puedas, soy tu esposa espiritual y tienes derecho a todo, menos a hacerme sufrir como lo has hecho, ese 14 de diciembre y ese 28 de febrero...

Sé que no pudiste dormir el domingo porque la Corte Celestial de Dios te estaba dando revelaciones, cuando me dices "bueno, es igual no pasa nada", mi bebys pasa todo, es el sentimiento más puro que he sentido, eres Jesús encarnado en ti, eres mi hombre idóneo, hecho a mi medida espiritual.....no he podido concentrarme después de tu llamada, anoche no he dormido ni media hora, me la pasé hablando con Dios, tengo mi mente tan confundida, que solo mi Padre sabe mi destino y me ha dicho que cumplirá su promesa conmigo, y pronto me dará mi tercera clave en mi hombre que espero para la eternidad.

Te adoro esposo.

12/04/2009 Jhon

¡Mi bella Dulcinea!, estoy triste por no haber podido hablar contigo esta noche. Las palabras de Ghandi son profundas, verdaderas y bellas, pero tu lo eres más, mi amor, quizás hasta mañana.

12/04/2009 Jhon

Soy feliz contigo amor y desde ayer te entregué mi corazón, mi fidelidad, porque te considero que eres mi mujer, solo mía, si aceptas mi corazón, yo quiero el tuyo, y quiero tu fidelidad. No hay nada más importante en este mundo, en este momento que tú junto con mi familia. Te amo Perla, no tendré sexo con nadie porque no me importa, lo quiero tener solo contigo y esperaré hasta que este junto a ti. Besos amorcito.

14/04/2009 Perla

Amor bello te envié un mensaje aparece leído, pero ábrelo, donde dice sentimientos.
Mi bebé hoy le conté todo a mi prima lo que me has dicho, ella orará por que tomes la decisión más sabia, es una mujer muy espiritual, en unión al Espíritu Santo.
Recuérdalo siempre, te adoro...eres algo mágico deberías llamarte Jesús resucitado. Mañana cambiaré mi correo, tu quédate con el de...., utilizaré la misma clave.

15/04/2009 Perla

Buena tarde mi bebys, no te imaginas como te extraño, verte así sea por la cámara, escucharte, chatear, pero igual tengo que conformarme con lo que puedas hacer, te quiero mucho mi pedacito.
Sabes mi nene que voy a recibir el regalo más preciado que Dios

me tiene reservado, no sé que es aún, pero me lo manifestó, te envió lo solicitado.

15/04/2009 Perla

Mi papi todo es posible, para el que se atreve…. siento tus besos suaves .

Durante más de un mes, en marzo, Marly envió letras de amenazas a Perla porque le acusaba de muchas cosas. Quería que nuestra relación terminara de una vez por todas. Intentó convencerme sin cesar, aportándome argumentos et intentando buscar contradicciones en lo que hubiera podido decirme.

Yo estuve llorando sin cesar porque me moría de amor por ella y que a causa de que me sentía responsable de mi mujer, y que además estaba muy enferma, no veía la posibilidad de continuar mi relación con mi Colombiana sin hacerme pasar delante de Dios, de mis hijos, de la familia y de los amigos por un mal hombre y un mal padre.

Suplicaba al Señor, el porqué me la ha hecho conocer, si era solamente para que sufriéramos todos, para tener alguna enseñanza o para hacer reflexionar a Marly que debía cambiar conmigo, porque si no me perdería, porque ya me había reservado una mujer idónea para mí.

Marly viendo mi sufrimiento y lo que al parecer que ella no creía creer, que mis sentimientos por Perla fueran sinceros porque nadie se podía enamorar a través de una cámara por Internet, y viendo que en esos momentos, ella pensaba que se iba morir, pues no solo estaba enferma pero también tuvo una visión en la cual le aparecía su abuela y le decía que venía a recogerla.

Ante todos estos hechos Marly decidió llamar a Perla por teléfono porque quería saber si ella podría ser una buena esposa para mí y una buena madre para sus hijos, de esta manera establecer con ella una amistad hasta el momento venido.

Llamamos pero Perla estuvo tan sorprendida que pensó que nos estábamos burlando los dos de ella, que jugabamos, porque su familia y sus amigos le decían que es lo que haciamos desde el principio de nuestra relación.

16/04/2009 Jhon

¡Hola Perla!, soy Jhon que escribe, sé que te parece increíble la llamada por teléfono que te hemos hecho, parece surrealista, incluso yo que esperaba y que sabía que algo debía pasar para evitar un drama, un sufrimiento de quién fuese.

Yo había soñado que esto pasaría, pero nunca pensé que fuese posible, pero Dios ha hecho que las cosas se pasen de la mejor manera. Nadie juega con tus sentimientos, ni yo ni ella nos permitiríamos bromear sobre algo así. Marly esta tarde descubrió que había tomado una nueva cita para obtener un nuevo pasaporte y inmediatamente vino a confrontarme y preguntarme qué significaba eso, fue muy duro, pero al final se lo conté todo, porque ya estoy harto de mentir, no está ni en mi naturaleza, ni en mi fe a Dios, las mentiras, entonces le revelé mis sentimientos por ti, aunque ya lo había hecho en el pasado y le dije que venía a verte, que estaba decidido porque lo prometí, y yo soy alguien que cumple siempre sus promesas. Marly me ama con locura y soy su única razón de vivir, para ella sin mí, la vida no tiene sentido, pero viendo que estaba muy deprimido y llorando muchas veces, y visto su estado de salud, más las revelaciones que ha tenido con respecto a su vida, ha pensado que lo mejor era conocerte para ver si podrías ser una buena esposa para mí y una buena madre para sus hijos, en caso de lo peor.

Ya te he dicho que quiero a Marly muchas veces, y me es difícil de pensar de vivir sin ella. Si me fuera sin prevenir como lo había previsto, a mi regreso me sentiría responsable de su muerte, porque es eso lo que hubiera sucedido, te lo aseguro, y al mismo tiempo, si no viniera a verte pensarías que te he estado mintiendo, y como tu dices, jugando con tus sentimientos, es por eso que puse "estoy perdido", porque sabía que estaba obligado a hacer sufrir a una de las dos, y elegí hacer sufrir a Marly.

Hoy me hace pensar a la historia del pajarito multicolor y tu conoces el final. Espero de todo corazón que seáis amigas y que aceptes de encontrarla, es mi mayor deseo. Yo no dejaré nunca Marly mientras viva y ella esté enferma, no sería digno de un hombre que cree en Dios.

Quisiéramos encontrarte mañana con la video cámara a partir de las 21h30 hora española y te presentaremos a nuestros dos hijos. Comprenderás que nuestra motivación es sincera y veras que Marly puede ser la mejor amiga del mundo. Contando con una respuesta rápida, te abrazamos.

17/04/2009 Perla

Hola JhonDavid, lo único que puedo decir es un no, a una entrevista en mi ciudad con tu esposa.
Tus príncipes solo tienen y tendrán una madre, no hay sustitutas. Esta situación es un poco extraña, confusa, pero deben solucionarla entre ustedes.
Solo soy el centro de la Santa Voluntad de Dios y EL hará lo correcto para todos.
Dios bendice cada respiro tuyo y el de tu familia.

18/04/2009 Jhon

Te pido perdón porque siento dentro de mí, que te he hecho mucho sufrir. Tu me ofreciste todo lo que tenías de una forma generosa y sin esperar nada a cambio. Créeme no fue nada en vano porque me ayudaste a sacar de mí lo mejor, todo aquello que llevaba reprimido, escondido. Alzaste mi espíritu para que se manifestará y se levantara a lo más alto. Tenías una misión que cumplir conmigo. Siempre me pregunté porque Dios te puso en mi camino y ahora lo sé, me ha sido revelado y no sabes cuánta razón tienes. También me han revelado tus dos claves que cumplí y la tercera ya la conocía desde el principio. Nunca me burlé de ti y mis intenciones contigo siempre fueron sinceras, decía lo que pensaba y sentía. No me arrepiento de nada excepto del dolor y sufrimiento que he provocado sin quererlo, no solo a ti, pero a Marly también. **La mujer lleva todo el peso y el sufrimiento del mundo en sus espaldas y en sus corazones, no sé si es justo pero es una realidad**. Eres una mujer extraordinaria con fuerza de carácter y con principios firmes, no cambies jamás, cuando hagas las cosas sigue haciéndolas con el corazón sin esperar nada en retorno, pero no te preocupes porque Dios recompensa siempre a los suyos y tu haces parte. Eres un ser de luz Perla. Te hice un regalo el 28 de noviembre del 2008, siempre serán tuyos, nunca lo olvides, porque yo no olvidaré. Puedes estar tranquila no te molestaré más, no vendré a Bogotá porque así lo deseas. Me hubiera gustado tanto encontrarte en carne y hueso, aunque solo sea pura amistad, pero tú no quieres, no te preocupes, lo comprendo. Perdóname también por mis ofensas y a cada vez que he dudado de ti, pero tu sabes el porqué. Solo quiero que seas feliz, te lo mereces, no lo dudes. En cuanto a mí no te preocupes seré feliz, tengo otra mirada de la vida ahora, como tu querías, positiva, siempre hablando positivo y apreciar lo que tenemos sin exigir más de lo que necesitamos. Saluda a tu familia de mi parte, que Dios os bendiga.

Marly envió un correo a Perla haciéndose pasar por mí:

Asunto: primero y último aviso antes que las autoridades competentes colombianas intervengan.
date: 11 mar 2009

"debes parar inmediatamente de enviarte a ti misma mensajes de texto con mi número de móvil. Debes parar de entrar en mi ordenador y entrar en mi vida privada y cambiándome mis mensajes personales en mi perfil de.... desde que te conozco no has parado de espionarme mirando las fotos de mi casa y de mi familia, estabas al corriente desde el principio de todo, e incluso te has permitido de abrirme la video cámara el nueve de diciembre y decirme que mi esposa te había llamado por teléfono, porque estabas viéndola y sabías que estaba sola. Verifiqué a la compañía de teléfonos y no hay ninguna llamada realizada ese día a Colombia, ni ningún otro día. Me has mentido varias veces, no eres una persona digna de confianza, misma en amistad. Debes saber que si a mi mujer le pasara algo por su enfermedad, no me pondría en contacto contigo porque no me correspondes para nada. Te pido por favor de cesar de entrar en mi ordenador y enviarte mensajes de texto, sino habrá repercusiones jurídicas contra ti. Voy a cambiar mi número de teléfono, mi número de identificación de Internet, mis cuentas bancarias.....hay un ingeniero en informática y otro en telecomunicaciones que están estudiando lo que ha pasado, ¡así que cuidado!. Para de una vez por todas, nunca habrá nada entre nosotros y que sepas que la única mujer que amo, es la que amo desde hace 27 años y ella nunca me ha mentido y siempre me ha sostenido, incluso en los momentos más difíciles de mi vida. Mi mayor error ha sido de encontrarte, porque estuve a punto de perder a mi mujer, mis hijos y 27 años de trabajo para conseguir lo que tengo hoy. A pesar de todo, te deseo todo la suerte y la felicidad del mundo con tu amigo suizo, en fin, si él existe.

31/05/2009 Perla

Hola Jhon, te dije un día que no volvería a decir nada respecto a todo lo que hacen con mi vida privada, me enteré que alguien me estaba buscando en mi trabajo, según lo que escuche, y el rastreo de la llamada, analizamos que era tu esposa, pero igual cumplo con lo que digo, desde ese 11 de diciembre que te comenté de la primera llamada de ella, preguntando" Perla la del Internet", y me trataste de lo peor.....entonces tomé la decisión de callar siempre y saber atender a las pruebas de mi Padre Dios.....
.

Como tú y todo el mundo sabe que a Jesús lo trataron de falso profeta, de brujo, de rey de ladrones y muchas cosas más.....hasta llevarlo a su muerte, ¿porqué no a un humano como yo...? No veo la necesidad que investiguen mis labores, pues tengo una buena imagen con todos los que me rodean y amo la paz, nadie les dará información, ni telefónica, ni personalmente, si ustedes son inteligentes, me he adelantado a todo ello, prefiero la tranquilidad, cuido mucho mi labor.....
.

He tratado de cambiar el número de mi móvil, pero es el de mi trabajo, y es muy importante para mi tarea, además no tengo nada que esconder: ni a las autoridades, ni al mundo....... cuando

he recibido tantos insultos, como el de este correo que me enviaron el 11 de marzo y otros, para que las autoridades colombianas intervengan ante mí, pues tienen mi número de teléfono, pero por si lo necesitan se lo recuerdo 317 ……. y si por alguna urgencia no me encuentran en éste, les dejo otro 316 ……., además, Jhon tienes una dirección en donde pueden dejar cualquier citación judicial...
.
Como puedes ver les he soportado mucho: amenazas, insultos, calumnias, ofensas…… pero todo esto lo tomo como prueba de mi Señor, para ver mi fortaleza y mi perdón..
.
Mira jhon, si crees en todo aquello que te dice una mortal……para ya tú….. no te comuniques más conmigo por ningún medio….y sabré entenderte, igual oro siempre por ustedes y por el mundo. No entiendo, para que te buscan o buscas otra mujer, si ya tienes una muy hermosa según me has dicho…… Dios bendice tu perfecto camino y el tu sangre…….adiós JhonDavid.

Durante varias semanas Perla y yo no tuvimos contacto. Todo en mi cabeza estaba confuso.

Ese invierno no fueron las cosas bien en las tiendas y no pudimos vender nada. Marly me convenció de trabajar hasta el final del verano pues teníamos demasiado stock y no teníamos dinero, tuve que decir a Perla que tenía que posponer mi viaje, le dio muy duro y lloró mucho.

Marly intentó cambiar para mejorar nuestra relación y ver si abandonaba esa nueva que yo tenía, pues físicamente no había pasado nada, era como un amor platónico y pensaba que yo simplemente había perdido la cabeza.

Yo tenía una lucha en mi interior muy fuerte, continuaba a hacerme muchas preguntas pero no paraba de pensar en ella.

Decidimos de coger dos locales en la playa, porque pensábamos que podríamos trabajar bien, a causa del número impresionante de turistas y abandonamos los locales en el centro comercial.

Tuve que renovar las tiendas para poder dar una buena impresión a los clientes pero a pesar de todos esos esfuerzos, no pudimos hacerlo. La crisis económica ya empezó a instalarse muy fuerte en España. Había comentarios de entre la gente de una posible guerra civil pues perdíamos centenas de miles de empleos por año.

Marly no paraba de hablarme de proyectos pero yo ya no me sentía cómplice en nada, tenía la impresión que ya no podía avanzar más con ella.

Nuestras economías habían fundido por completo y yo tenía ganas de pensar más en mí, tomar otro rumbo y volver a empezar todo desde el principio.

Escribí a Perla varias veces, pero ella no me respondía, no me atrevía a llamarla por teléfono, pensaba que me iría rechazar y no hablar conmigo. Finalmente me decidí a llamar en julio y como me imaginaba, me contestó por educación, pero era fría conmigo y me dijo que era inútil de continuar lo nuestro porque no quería sufrir más de este amor.

Había dejado solo la tienda con mi hijo para hacer esa llamada puesto que Marly se ocupaba de la otra que se encontraba en paralelo de la mía, en otra calle.

Volví y no paraba de pensar en la conversación que acabábamos de tener y empecé a hablar con Dios desde mi interior, encontrándome delante de mi local con un brazo apoyado en un expositor de cinturones, cuando de repente oí una voz en mi interior que dijo: ¡mira!, y de repente una joven mujer de unos veinte y cinco años se dirigió a mí diciéndome : ¡ por favor señor necesito un cinturón!.

Me había cogido por sorpresa pues no la había visto venir. Era una mujer extranjera y empezó a contarme su vida sin que yo le hubiese preguntado nada. Me dijo:

"trabajo en una tienda en este misma acera, un poco más lejos y soy lituana".

Me compró un cinturón y antes de irse me dijo que le gustaría que nos volviéramos a ver, que ya no tenía novio...

Me sentí sorprendido porque no comprendía el porqué ella se había confiado a mí, sin conocerme y contarme su vida personal, pero apenas había terminado con esas preguntas otra vez una voz en mi interior me dijo: ¡mira!, y yo volví mi cabeza hacia la izquierda mirando por donde se estaba acostando el sol, y el sol me deslumbraba, pero en ese deslumbramiento sobre salía una silueta entre la numerosa muchedumbre que había sobre esa ancha acera, me quedé mirándola fijamente y conforme se acercaba de más en más, esa silueta dibujaba a una mujer espléndida de unos treinta años, de cabello entre castaño y rojizo, de un metro setenta aproximadamente, sus formas eran impresionantes, toda una belleza física y remarqué sus senos de un volumen y forma perfectos. Cuando llegó a unos 4 o 5 metros de mí, se puso en posición para atravesar la calle pero antes de cruzar paró, giró su cabeza hacia la derecha y me vio, dudo unos instantes y decidió de no hacerlo y sin quitarme la mirada, paso delante de mí, como devorándome con sus ojos y como diciéndome: " tu me gustas ".

Apenas se alejó, la voz en mi interior me volvió a decir: " Jhon, no te preocupes más, porque si Perla no quiere más de ti, pondremos a tus pies las mujeres más bellas y jóvenes, solo tendrás que elegir".

Un escalofrío invadió todo mi cuerpo, me preguntaba si todo lo que venía de pasar era cierto, sino estaba soñado, o si Dios una vez más, quiso probarme que siempre estaba ahí, a mi lado, para protegerme y aliviarme.

Cuando llegó la hora del cierre, hacía media noche o un poco más, ya había casi terminado, cuando estando en el interior de la tienda, me di la vuelta y delante del local, había la joven espléndida de unos treinta años que había visto antes en la tarde, mirándome fijamente.

Fue tanto la sorpresa que me quedé inmóvil, sin saber qué hacer, ella se fue, eche a correr para ver una vez más esa belleza pero había desaparecido, como por arte de magia, no había casi nadie en la calle, pero no estaba, eso me hizo sorprenderme aún más.

Llegamos a casa, Marly, mis dos hijos y yo, y decidí de aislarme metiéndome en la piscina para poder hablar con Dios y reflexionar sobre lo que había sucedido en ese día. Le hice mil preguntas a mi Señor, le supliqué, le pedí que me diera la sabiduría necesaria para tomar las buenas decisiones, hice el vacío en mi interior y en mi cabeza y abrí mi espíritu, y tuve la impresión de oír una voz dentro de mí que me dijo:

«Yo no humillo a nadie solo digo la verdad,

Yo no ofendo a nadie pero soy ofendido,

Yo no critico a nadie pero soy el objeto de burlas,

Yo no juzgo a nadie pero he sido condenado.

Aquel que cree en mí, cree en EL,

Aquel que no cree en mí, le ofende a EL.

Te dije que te lo perdoné todo ya antes de conocernos porque mi amor es el mismo que el de Dios, porque EL esta en mí y yo hago parte de EL.

Amar es perdonar, el que no sabe perdonar es porque no ama. »

Le hice mil preguntas a Dios y EL me contestó:¿ Jhon que siente tu corazón?

¿Mi corazón?, mi corazón siente amor.

Y tu espíritu, ¿qué siente tu espíritu?

¿Mi espíritu mi señor?; mi espíritu también siente amor.

Cuando la carne está en comunión con mi espíritu, lo perdono todo y lo doy todo.

Respeta siempre mi ley porque amar es el único camino que lleva a mi reino. Amar es sinónimo de perdonar.

Hay de aquel que confunda el amor con el orgullo, el egoísmo o el pecado, porque lo pagará en esta vida y también en la otra.

Jhon no olvides quien eres y deja siempre mi espíritu hablar por ti, porque eres un elegido de Dios.

Después de ese intercambio sentí una paz de todo mi ser pero con la sensación y la dudas si era cierto lo que acababa de pasarme y si no era mi imaginación o un simple sueño. Todavía no comprendo el significado de todo, porque parecía tocar varios problemas diferentes.

A los pocos días volví a llamar a Perla, le conté lo que me había sucedido en la piscina. Había escrito todo en un papel antes de que se me olvidara todas aquellas bonitas palabras y se lo leí.

A partir de ahí volvimos a empezar a escribirnos y llamarnos más seguido una vez más. Pero poco tiempo después, Marly me sorprendió hablando por teléfono con Perla desde una cabina telefónica. La discusión fue fuerte, ella me gritaba y lloraba al mismo tiempo.

Al día siguiente me dijo de cerrar la tienda a medio día, cosa que no hacíamos nunca, quería que habláramos porque tenía cosas que decirme.

Ella me dijo de seguirla y me llevó hasta el oasis donde había una fuente de luz y chorros de agua.

Decidió ese lugar porque era altamente simbólico para nosotros, puesto que fue allí que nos habíamos conocido en 1982.

Nos sentamos y empezó a confesarse diciéndome: "Jhon fue aquí que nos conocimos, donde todo empezó para nosotros, lo primero que quiero decirte es pedirte perdón por todo el mal que he podido hacerte, segundo que siempre te he deseado, cada día que pasaba tenía ganas de hacerte el amor, pero no quería que lo supieras, no quería rebajarme a ti y para satisfacer mis deseos me……. y no hacía el amor contigo, perdóname. Quiero decirte también que te amo y que no puedo vivir sin ti…."

Mientras ella continuaba hablándome, yo no pude contener mis lágrimas, al mismo tiempo que no me esperaba una tal revelación de su parte, pues sabía que era una mujer muy orgullosa y que prefería enviar todo de paseo antes de ceder. Me dijo que yo debía haber hablado de nuestra relación sexual con ella y yo le contesté:

" Que si se estaba burlando de mí, que siempre me quejaba pero que no solo era eso el problema , cuantas veces te dije que tratabas mejor a nuestros perros que a mí, cuantas veces me has faltado el respeto, me has insultado, me humillabas delante de la gente, no me valorizas lo suficiente, siempre faltando el respeto a mi familia y desde que hemos llegado a España solo haces que quejarte y decir que este país es una mierda y que Francia es mejor. Es demasiado tarde…………"

Un día un matrimonio de unos sesenta años entraron en mi tienda, estuve hablando con ellos y poco a poco sentí que la energía de la mujer cambió, resentí que ella quería hablarme de algo, pero delante de él no se atrevía y se fueron.

Al día siguiente la señora volvió sola y me dijo que necesitaba hablar conmigo, yo le contesté que ya lo sabía, ella me pidió consejo porque resentía a su turno, que yo no era un hombre normal, que era un hombre especial y digno de confianza, entonces me expuso su problema y yo le dí mi opinión.

Marly llegó a la tienda en ese momento, pasó delante de nosotros, fue a la trastienda y cogió un helado y se fue. La señora me preguntó si era mi mujer y yo le dije que sí, ella me contestó:

" Perdone que se lo diga señor pero esa mujer no le corresponde, esa mujer no está hecha para usted".

Eso me dio a pensar aún más sobre mi pareja y sobre todo lo que me estaba pasando. Me pregunté si Dios no me envió esa señora para darme un nuevo mensaje.

Marly llevaba mucho tiempo más enferma que de costumbre, pues estaba tomando cantidades de medicamentos en secreto para suicidarse. Tuve que llevarla dos veces a urgencias, no se aguantaba de pie. También intentó lanzarse varias veces del balcón más alto de nuestra casa y una vez estuvo casi a punto de conseguirlo, la cogí en extremis y resbalé, pues estaba lloviendo y el suelo estaba mojado, y de la fuerza de inercia la introduje al interior y me golpeé la cabeza con un pilar dejándome casi inconsciente.

También intentó cortarse las venas, apuñalarse, se daba golpes en las piernas con un cuchillo puntiagudo de cocina y se hacía decenas y decenas de heridas.

La salud se le había complicado aún más, pues le aparecían moraduras en todo el cuerpo, sus pequeñas venas se rompían.

Marly, y yo sin decírselo, pensaba una vez más que se iba a morir y para impedirme que estuviera con Perla decidió buscar una mujer que me correspondería más a mis gustos y que les gustaría a sus hijos.

Encontró una mujer muy bella, alta, con dinero, trabajadora, inteligente y que nos gustaría, además era la hija de uno de los hombres más ricos de Cullera.

Dio en el clavo, ella me gustaba muchísimo y si Perla no hubiera existido, yo hubiera hecho todo lo posible para conquistarla.

Ella tenía 35 años con una hija de diez años y estaba divorciada. Un día estando en uno de sus negocios se lo comentó, diciéndole que si venía a pasarle algo, le gustaría que ella y yo estuviéramos juntos.

Ella respondió que para empezar seríamos novios y luego ya veríamos. Elsa tenía un coche lujoso y un día paso con él delante de mi tienda, me saludó con la mano y treinta segundos después volvió delante de mí, puso en posición descapotable su coche pero acompañada de una de sus empleadas y amiga, y se detuvo, y me preguntó de acercarme y me dijo: "¿es cierto que Marly está muy mal?, y yo le dije que sí, con una sonrisa me dijo: "bueno ya veremos entonces", y se marchó.

Ya pasado el verano empezamos a empaquetar todo porque habíamos decidido volver a Francia para vender la mercancía. Como Marly estaba enferma decidí hacerle cambiar de aire y convenimos de irnos todo un mes en vacaciones solo los dos sin niños, pues me los guardaba mi hermana.

Así que hicimos Valencia-Madrid, Madrid- Miami y Miami- San José de Costa Rica.

Pasamos dos días en la capital y visitamos el museo del oro, y otras cosas de interés turístico y de allí empezamos a recorrer la costa del Caribe, todo ello en autobús porque era el medio de transporte más económico de viajar y nos permitía ver toda esa naturaleza salvaje, abundante y a perdida de vista.

La selva entraba en el mar, todas esas palmeras dentro del agua. Visitamos parques naturales y vimos la fauna animal, varias clases de chimpancés, aves exóticas, iguanas,....

Me acuerdo que nos sentamos en una mesa de picnic en uno de los parques y cuando menos me di cuenta, un mapache se había subido a la mesa y me estaba cogiendo el plátano que había dejado como postre, quise recuperarlo pero se alejó con él unos metros más y de repente empezaron a llegar los monos para quitarle el plátano y tuvo que irse para evitarlos.

También en una de las playas otro robó una bolsa a tres turistas españolas que estaban tomando el sol y nosotros gritando desde lejos para prevenirlas, pero ellas se asustaron y el mapache se llevó la comida.

Pasamos doce o trece días recorriendo el país y de allí decidimos irnos a Panamá, donde pasamos 5 o 6 días, entre ellos a Bocas del Toro, pues nos habían dicho que era uno de los lugares más bonitos del mundo. Allí pasamos tres días y dos noches. Pagamos para pasar un día completo en un Catamarán y hacer buceo para ver los arrecifes y los peces exóticos.

Volvimos a Costa Rica y propuse a Marly de cambiar de ambiente, que todo era lo mismo y le dije de pasar los últimos diez días de vacaciones en Florida.

Al principio ella no quería porque suponía pagar un suplemento por avanzar el viaje de avión de San José a Miami, puesto que el vuelo de regreso era de Miami a Madrid y no cambiaba nada.

Llamé y reservé al día siguiente el billete de avión pagando un suplemento por cada uno. Había reservado un hotel por Internet el día anterior a Miami Beach.

Fue extraordinario, nos encantó la belleza de la ciudad, todas esas tiendas abiertas las 24h00 y esa bella playa de arena con un agua de mar límpida y de un intenso azul claro.

Habían unos barcos de lujo amarrados en esas inmensas casas magníficas de actores de cine y multimillonarios. Los hoteles eran espléndidos aunque también los había muy medianos.

Alquilamos un scooter por dos días para recorrer la ciudad de una punta a la otra. Fuimos en excursión a los pantanos para ver los caimanes, tortugas y aves, subiéndonos en esos barcos propulsados con hélices al aire.

Hicimos un poco de compras en las tiendas donde vendían ropa de marca a un precio imbatible, cierto que no eran los modelos del año, sino del año anterior, pero no dejaban ser de grandes marcas por 20 dólares el pantalón o los deportivos.

También fuimos dos días y una noche a Orlando y visitamos dos parques temáticos, y regresamos a Miami al anochecer.

En ese tiempo conocimos una pareja de franceses y salimos un poco con ellos.

Fue un viaje que nos marcó, a Marly le hubiera gustado residir allí, el clima era excelente.

De regreso a Cullera terminamos de empacar la mercancía de una de las tiendas para ponerla en la otra y reducir de un alquiler los gastos.

Nos fuimos a Pra loup para inscribirnos al paro, en octubre, antes de irnos para ese mes de vacaciones, puesto que no nos quedaba casi dinero, y al mismo tiempo inscribimos a los niños al colegio.

Antes de irnos de Cullera, una noche, estábamos Marly y yo en el furgón, pasamos delante de una tienda de Elsa. Ella se encontraba en su coche sola y me paré a su altura, abrí la ventanilla y me dijo, sin que Marly escuchara, "tengo miedo de enamorarme", y nos despedimos.

Para las vacaciones de navidad nos fuimos definitivamente toda la familia, pero antes de ir a Pra loup pasamos las festividades en casa de mis suegros.

El 24 de diciembre sentía la energía de Perla que me llamaba a gritos, mi corazón palpitaba fuerte todo el día, pero más que se acercaba la noche, más que presentía su tristeza, quería llamarla por teléfono, **puesto que desde octubre no había tenido contacto alguno con ella, me había alejado.**

El 25, el 31 y el 1 de enero volví a sentir su energía. No tuve ni un momento solo para poder hacerlo, pues Marly no me dejaba ni un momento libre.

Estuve pensando en ella todo el tiempo, intentaba luchar contra ese deseo tan fuerte de oír su voz.

Regresamos a Pra-loup, cada día más o menos a la misma hora del almuerzo, mis pulsaciones se aceleraban y subían hasta 130 por minuto, me encontraba mal y Marly me decía: ¡estás pensando en ella!, ¡tu no la puedes resentir!, ¡eso es imposible!, ¡te está haciendo magia negra!.

Más tarde sabría que Perla apenas se levantaba todas las mañanas, se arrodillaba al pie de su cama y oraba a Dios y pedía por mí, por mis hijos y por Marly.

Ella y yo estábamos conectados energéticamente, nuestras almas se comunicaban, nuestros pensamientos se cruzaban, parecía que había telepatía entre los dos.

Por fin a finales de enero, decidí pasar una llamada a Perla, ella descolgó y dijo ¡ola! ¡ola!, y colgué. No tuve el valor de hablarle pero ella supo que era yo, lo resintió.

El 14 de febrero, el día de San Valentín, baje al centro de la ciudad y compré un regalo a Marly y unas flores. También adquirí una tarjeta para llamar al extranjero y llamé a Perla.

No podía dejar pasar esa oportunidad para decirle lo que sentía por ella, descolgó y empecé a decirle lo que llevaba en el corazón, ella me escuchó todo, pero al final intercambiamos pocas palabras, el tiempo se agotó.

Entregué los regalos a Marly, estaba muy feliz pero mis pensamientos estaban en Colombia.

En el mes de abril, durante las vacaciones escolares, nos fuimos a Cullera para recoger la mercancía de las tiendas porque íbamos a empezar a venderla en los mercados en Francia.

Yo llevaba mucho tiempo teniendo un presentimiento de que a Perla le pasaba algo, que había un problema, y hubo una fuerza, una impulsión en mi interior que me decía llámala ahora y así lo hice, escuche esa voz.

Llamé a Perla y caí sobre su contestador, entonces dejé un mensaje que decía:

" Perla, soy yo, JhonDavid, me hubiera gustado hablar contigo,..... veo que no estás,...... te extraño mucho,............ me hubiera gustado oír tu voz, te necesito, ya te llamaré."

Eso fue el 14 de abril, un miércoles. No me quedé tranquilo toda la semana, había tenido un mal presentimiento. El sábado empecé a cargar la furgoneta puesto que el domingo, debía iniciar mi viaje a Pra loup con mis hijos, y Marly se quedaba unos días más para terminar de limpiar la casa.

Ese sábado 16 estuve llorando todo el día en mi garaje, pensando en Perla y todo lo que había sucedido, me sentía perdido, incapaz de tomar decisiones, me hacía mil y una pregunta, sobre mi vida, sobre lo que realmente quería hacer de ella, sobre Marly, sobre mis hijos, sobre Perla, me sentía muy mal, en pleno estado de depresión.

Por fin el domingo 17 salimos y hicimos una parada en la frontera, quería aprovechar para comprarles unas golosinas, pero sobre todo para llamar a Perla.

Perla descolgó su teléfono, yo le dije soy Jhon y ella me respondió:

" Al fin!, he estado esperando tu llamada, no paro de pensar en ti, el miércoles me han hecho una doble operación, una de ellas muy grave, pensé que no me despertaría más. Cuando bajé hacia el bloque operatorio vi la hora y no tuve ningún pensamiento por nadie, excepto por ti, quién te diría lo que me ha pasado si moría en esa operación, si me buscaras y no me encontraras nunca más, que hubieras pensado de mí.

Al despertar de la operación, lo primero que pensé, fue en consultar mis llamadas, le pedí a la enfermera si podía pasarme mi celular y ella me dijo que no estaba en condiciones de hablar con nadie y que tampoco tenía derecho de hacerlo, pero le supliqué, le dije que solo quería consultar mis mensajes, que era muy importante para mí.

Finalmente aceptó, vi que me habías dejado un mensaje de voz, un mensaje que me llegó al alma porque había perdido esperanza de volverte a oír, de saber de ti.

Pero lo que más me sorprendió es que lo hiciste el día y la hora exacta de mi operación. No comprendo cómo podías saberlo y si no lo sabías, entonces que es lo que nos está pasando a los dos, no comprendo cómo puedes resentirme de esa manera, a cada vez sabes cuando estoy hablando de ti con alguien, sabes cuando estoy triste y me lo dices enviándome esos mensajes que me prueban que me resientes y sabes lo que me está sucediendo a cada instante, nuestras almas están conectadas y sé que nuestros destinos están ligados, quiero que sepas que te amo pero respetaré tus decisiones."

Durante el tiempo de llegar a Pra loup, no paré de preguntarme como pude llamar a la hora y al día exacto de la operación de Perla, yo sabía que cuando pasé esa llamada fue porque resentí en mi interior una energía que me decía de llamarla, que debía hacerlo, que algo le estaba pasando y que me necesitaba. Solo puedo decirles eso, el porqué y el cómo, no lo sé.

Durante la semana en que Marly se encontraba aún en España, estuve llamando a Perla por teléfono, pues pensé que eso le ayudaría moralmente y efectivamente, no solo le ayudaba de esa manera, pero también ella no sentía la necesidad de tomar analgésicos para el dolor, porque como ella me decía, era tanta la alegría y la felicidad que sentía con mis llamadas que se le olvidaba el dolor de esas heridas, yo era su mejor medicina.

Yo también era feliz de oír la voz de ella y le escribí una carta para que comprendiera el efecto que ella me causaba, la llamé por teléfono y se la leí:

" ¡Hola mi vida!. Te amaré siempre hasta el último latido de mi corazón, en la vida basta un segundo para perder la persona amada pero una eternidad para olvidarla. El ayer alimenta mi presente pero eres tu la esperanza de mi futuro.

Anoche me acosté pensando en ti, cerré mis ojos y mis labios dibujaron una sonrisa de felicidad. Tus palabras recorrían mi mente, se quedaron grabadas para siempre en mi alma y mi corazón. ¿ Quieres saber lo que siento por ti ?. Eres como el sol que amanece cada mañana para darme su luz, eres como una plena luna para que no tropiece en la oscuridad, tu voz me tranquiliza, me hace sentirme en un santuario de paz. Estas siempre a mi escucha, nunca me fallas, sabes sacarme lo mejor que hay dentro de mí, me abrigas como una madre abriga a su bebé, me haces sentirme en seguridad, me das la fuerza necesaria para seguir luchando en esta vida, ya no necesito coches lujosos, ni palacios, solo te necesito a ti porque tu me llenas de felicidad.

Contigo yo me siento yo mismo, me siento en armonía con la vida, en armonía con Dios. Tu alma y la mía están unidas para siempre, lo nuestro es puro y sin fallos. Nada ni nadie podrán en esta vida separarnos.

Mi amor, ¿sabes qué?, te amo cada día más, ¿sabes porqué?, porque cada herida de la vida la conviertes en amor, porque si te ofendo, la ofensa la conviertes en perdón y el perdón lo vuelves a convertir en amor.

¿Sabes porqué te amo?, porque tu solo sabes amar. Mi amor eres un bichito raro pero todo lo que es raro tienes más valor. Todos te dicen que eres una extraterrestre, sí, ¡eres mi extraterrestre!.

Esta mañana desperté y sin abrir los ojos seguía pensando en ti y mis labios seguían dibujando una sonrisa. Le pido a Dios que te de mucha vida, ¿sabes porqué?, porque quiero que sigas amándome como solo tú sabes hacerlo.

No hay suficientes palabras para describir lo que resiento por ti. Mi vida soy tuyo y tu lo sabes muy bien, te regalé mi corazón y mi alma. Te amo más que a mi propia vida y si la necesitas para salvar la tuya, te la regalaré y te miraré desde el cielo.

Yo sé muy bien que siempre me llevarás dentro de ti y me amarás en silencio. Eres mi mejor canción, tengo ganas de cogerte en mis brazos y besarte tiernamente y besar cada una de tus cicatrices en tu cuerpo y de tu corazón, y verás que con mis besos desaparecerán todas, las olvidarás para siempre.

Mi amor, ¿sabes qué?, te amo...."

Estuve mirando esa semana por Internet lo relacionado con sus cirujías.... y para enviar a Perla un ramo de flores.

Marly, llegó el jueves 21 al final de la tarde, intentó sorprenderme para ver si me atrapaba llamando a Perla y para ello, me mintió en la hora de salida, porque ella presintió que aproveché su ausencia para contactarla.

Al día siguiente, Marly, consultó el ordenador y vio el historial de búsqueda y lo comprendió todo, no pude que decirle toda la verdad de nuevo, ya estaba harto de actuar como un ladrón a escondidas y le confesé.

De nuevo una discusión fuerte se inició y le expliqué que necesitaba encontrarla en persona aunque solo fueran cinco minutos. Marly estaba furiosa de toda esta historia.

Yo continuaba llamando a Perla, no muy seguido pero regularmente una o dos veces por semana y Perla también lo hacía de vez en cuando.

Empezamos los mercados Marly y yo, y creé mi empresa como autónomo en reformas y construcciones al mismo tiempo. Como al principio, yo no tenía trabajo me lo pasaba todo el tiempo en el mercado.

Cuando llegó el verano, empecé a poner un poco de dinero de lado todos los días, para poder pagarme un billete de avión a Bogotá. Estaba determinado a viajar y encontrarme con ella.

Le dije a Marly que había decidido tomarme unos días, que necesitaba hacer un punto en mi cabeza sobre mi vida, que quería encontrarme solo y que seguramente a mi regreso me encontraría mejor psicológicamente.

Marly no estaba de acuerdo, quería que fuese a ver un psicólogo para ayudarme pero yo le dije que mi decisión estaba tomada y que no cambiaría de opinión. Entonces me dijo que sí yo me iba, ella también se iría de vacaciones durante el tiempo que yo no estaría y le contesté que hiciera lo que quisiera.

Le había dicho a Perla que llegaría a finales de diciembre pero viendo que Marly había comprendido mi determinación de irme para esa fecha y con la ansiedad y el deseo que tenía de verla con mis propios ojos, decidí decirle a Marly que me iba a finales de agosto por unos poquitos días.

Llamé a Perla un viernes y le dije: "Perla, te dije que me dejarás máximo hasta el 28 de febrero, porque haría 28 meses que nos conocíamos y que si no llegaba en esa fecha, que hicieras tu vida.

Pues no vendré para ese 28, tampoco para finales de diciembre pero voy a llegar la semana que viene o el miércoles o el jueves".

Perla no quería creérselo, pensaba que no era verdad pero no tenía prueba del contrario, puesto que hacía 22 meses que duraba nuestra relación sin habernos podido encontrar en carne y hueso.

Estuvo tan emocionada que no llegaba a dormir y en el trabajo se le olvidaba todo, hacia cosas raras y preguntó a sus colegas de vigilar lo que hacía, porque no se encontraba muy bien.

Todos le preguntaba qué era lo que le pasaba y ella no quería decirles que yo llegaba esa semana, por si acaso no era verdad y hubiera hecho el ridículo, puesto que desde el principio todos le decían que yo era un payaso y un mentiroso, que no vine en enero la última vez y que estaba jugando con ella.

Perla solo se lo dijo a un amigo suyo que era coronel y como este sabía las amenazas de muerte que Marly había proferido contra Perla decidió de poner dos guardaespaldas para protegerla, en el caso que ella apareciera para cumplir lo que dijo.

Marly decidió de contratar un detective en Bogotá y que investigara si yo aparecía en la lista de pasajeros. El día de mi llegada al aeropuerto, Perla salió del trabajo muy temprano y llegó con tres horas de adelanto, con los guardaespaldas vestidos en civil y guardando una cierta distancia para no interrumpir mi encuentro con ella si Marly no aparecía por allí.

Los detectives filmaron a Perla en el aeropuerto y se dieron cuenta de la protección a la cual estaba sometida. No sé si los detectives se fueron porque hacía mucho tiempo que yo no llegaba, o más seguramente, porque la presencia de esos militares les complicaba la misión y si los descubrían tendrían muchos problemas y les hubieran confiscado el material video.

Durante el vuelo estuve pensando en todas las palabras y las ideas que Marly me había dicho: " ella solo está interesada en tener papeles para quedarse en Europa y luego te dejará" o " quizás hace parte de un grupo revolucionario y te van a raptar" o " es solo una putita" o " se va aprovechar de ti y sacarte todo el dinero que tienes y comprendido tus bienes..." o " es un país peligroso y te van a robar o secuestrar..."

Es cierto que no podía dejar de pensar en la posibilidad de que algo de eso fuera cierto, pero en mi interior sentía que su amor era verdadero.

Al fin aterricé en el Dorado, había mucha gente y tardé a pasar los puestos de control, cuando fue mi turno, le di mi pasaporte al agente, este miró sobre su ordenador y me dijo: acompáñeme a ver mi superior.

Su jefe hizo una serie de verificaciones y me dijo bien venido a Colombia, yo le pregunté de porqué todo ese misterio y me dijo que había alguien que tenía el mismo nombre y apellidos que yo y lo buscaba la justicia.

Antes de salir me fui al baño, me arreglé y me perfumé para causar buena impresión. Cuando me encontré delante de la salida había tres o cuatro puertas y cientos de personas esperando fuera la llegada de los viajeros, familiares, amigos..... Cerré los ojos y me concentré en la energía de ella y salí hacía la buena puerta y cuando levanté mi mirada la vi al lado de un pilar haciéndome signos. Ella se arrodilló al verme pues prometió a Dios que el día que vendría a recogerme lo haría y le daría gracias. Me dirigí a ella y la cogí por las manos, la miré desde los pies a la cabeza, y mientras hacía eso, pensaba en lo sorprendido en que estaba porque esperaba ver a Perla con sus ricitos negros como siempre la había visto, pero yo presentí que había cambiado su peinado, me concentré de nuevo y busqué los sentimientos que habían en mí por ella, para ver si todo me lo había imaginado o es que simplemente fue una vía de escape por lo mal que me sentía con Marly.

Pero no, sentí una fuerza, una emoción que me hacía temblar y la cogí en mis brazos fuertemente, sentía al fin el olor de su piel, el calor de su cuerpo, la ternura de sus abrazos y le di un beso tierno en la boca, sentía el deseo de devorarla con besos, de acariciarla porque sentía que era toda mía.

Nos fuimos cogidos de las manos y ella me miraba, no podía creérselo que el hombre que tanto deseaba estuviera ahí, delante de ella, me encontró muy joven para mi edad y para ella, incluso pensó que le había mentido, pero estaba tan excitada y emocionada que pensaba, como yo, que todo era un lindo sueño y que cuando se despertará, todo habría desaparecido.

Perla había reservado un taxi para que nos llevara a su casa. En el coche no parábamos de mirarnos, de hablar cogidos de las manos como niños, era tanta la emoción que no parecía que fuese real lo que nos pasaba, puesto que hacía tanto tiempo que los dos esperábamos ese momento único y privilegiado, que nos sentíamos derretidos de tanta felicidad.

Una vez llegados a su domicilio me dijo delante de su puerta, ésta es tu casa no lo olvides nunca, no es mía es solo prestada por Dios. Entramos y nos abrazamos de nuevo con besos de una tal pasión que el deseo de entregarnos el uno al otro crecía de más en más, nuestras mentes y nuestras almas se fundían, el calor de nuestros cuerpos se confundían, pero Perla se resistía a no ceder a sus impulsos, a sus deseos, porque tenía miedo que pudiera pensar que era una mujer fácil.

Paramos, y yo antes de subir, deshice mis maletas para darle todos los regalos que le había traído, ella no comprendía que como en una maleta tan pequeña yo hubiera podido meter tantas cosas, me dijo que parecía el sombrero de un mago. Me sirvió una cena deliciosa que había preparado y hablamos mucho.

Después subimos al segundo piso y me dijo esta es tu habitación, yo dormiré en la otra, pero continuamos besándonos con frenesí, ella me dijo siéntate en la cama y me quitó los zapatos y los calcetines y me dijo debes estar cansado, tomaté una ducha para relajarte y acuéstate, mañana será otro día.

Así lo hice tomé mi ducha y me acosté en la cama pero no sin antes volverla a coger en mis brazos y sentir la miel de su boca. Yo le dije quedaté conmigo esta noche, pero de una manera tan especial que no recuerdo las palabras exactas, pero nublaron su espíritu, dijo que no, me deseó buenas noches y cerró la puerta.

Yo me dormí inmediatamente, estaba agotado del viaje, del estrés, de la diferencia horaria puesto que en esos momentos eran como las doce de la noche allí pero para mí eran las siete de la mañana realmente.

Perla no paraba de pensar que en la otra habitación estaba el hombre que tanto había esperado y recordaba las palabras que unos minutos antes yo había pronunciado. También pensó en el deseo desde su adolescencia de tener una niña pero no de cualquier hombre, si no del hombre que un día Dios le traería para servirlo y ella resentía que ese hombre era yo.

Yo también había esperado desde muchos años la niña que siempre me dijeron que algún día llegaría y recordaba que me dijeron que en la segunda parte de mi vida llegaría una morena y pensaba que esa morena era ella.

Perla después de unos minutos, se dijo que no podía dejar al hombre que amaba solo, y que aunque me hiciera el amor quedándose en cinta y no me volviera a ver, por lo menos tendría el más grande de los recuerdos, su hija.

Entonces decidió meterse en mi cama despertándome, pues me empujó del lado donde yo dormía, y comprendí que ella estaba dispuesta a entregarse a mí. Así fue como consumimos por la primera vez nuestra pasión, nuestro amor.

Al día siguiente cuando desperté me sentía desorientado, no sabía dónde me encontraba y me di cuenta que estaba con Perla, no fue un sueño, era real, me sentía planear, no comprendía muy bien lo que me pasaba, pero ella estaba ahí, en mi cama.

Perla me sacó de paseo y me presentó a su familia, a sus amigos y de esta manera les hicimos cerrar el pico, aunque las dudas persistían seguramente en ellos. También comprendieron que yo era un hombre especial, nada común y que ahora comprendían el porqué Perla luchó contra viento y marea contra todos, por el amor que ella sentía por mí.

Contrariamente a las ideas recibidas, las personas que conocí durante esos días eran humildes, con el corazón en la mano, pero sí que eran curiosas y llenas de preguntas para saber cosas de mi vida y de nosotros.

Perla me trataba como a un rey, era excesivamente cariñosa, tierna, entregada, apasionada, siempre a mi escucha, a mi menor deseo. Todas las noches en la cama se ocupaba de hacerme masajes en los pies y en las manos para relajarme. También me hacía masajes en todo mi cuerpo durante dos o tres horas porque veía que mis músculos y tendones estaban muy afectados de todo el trabajo realizado durante muchos años. Quería hacerme comprender su entrega al hombre que amaba y que Dios le había confiado para su cuidado. Era una mujer de casa y una mujer excelente para el comercio y el contacto con la gente.

Llegó el día de mi partida, preparé mi maleta y Perla lloraba, lloró cada día por saber que pronto me iba a ir, y me preguntó si podía escribirle unas palabras en el cuaderno y yo le dije que sí, pero que las leyera de regreso del aeropuerto. Le escribí lo siguiente:

"¡Mi gran amor!...al fin Dios permitió acordarme mi mayor deseo, el de conocerte. Solo le pedí de verte en carne y hueso y EL en su gran generosidad, me concedió más, el de consumir nuestra pasión, nos dejo amarnos sin contar, consumimos nuestro amor como uña y carne, nuestros cuerpos atraídos por nuestras almas han sido puro fuego, desencadenados en las llamas que nos ardía desde el principio de conocernos, destinados a lo mejor que la vida puede darnos.

Siempre tuyo, tu esposo que te ama para siempre. Jhon "

En esos días que estuve allí me acordé del sueño que había tenido antes del verano dos mil nueve. Perla me mostró al conocernos, unas fotos y en una de ellas había un niño y una niña.

En mi sueño Perla me acompañaba a la casa de una amiga suya y una vez en su interior, aparecieron los niños de la foto que se peleaban y escondían detrás de la espalda unos juguetes, entonces yo intervine entre ellos para que hicieran la paz, y una vez que había ganado su confianza, me enseñaron lo que tenían en sus manos, eran juguetes de color negro.

También vi un peldaño y una escalera que había en el comedor y al fondo una puerta que daba a una cocina donde habían varias mujeres pero ningún hombre. Tres de ellas se acercaron a mí y una de ellas me dijo: "el nombre de la niña, pues era su madre, y su edad, 14 años, ¡bueno!14 Años no, va a cumplir 14 años, así me dijo."

En esa época, después del sueño, se le conté a Perla y le pregunté cuantos años tenía la niña, ella me contestó que 12.

Me di cuenta que mi sueño era una realidad del futuro, porque cuando vi a Perla por la primera vez, la niña tenía trece años y medio, todavía no había cumplido los 14, y el interior de la vivienda coincidía con mi sueño.

También Perla me contó que cuando invitó a su amiga y a toda su familia en su casa, el niño se encontraba en su habitación y preguntó a Perla que le trajera una mandarina, ella se la dio al padre del niño para que se la diera, pero su hijo le respondio que fuera Perla que se la entregara, se ejecutó y el niño de unos siete años le dijo a Perla:"¿tu estás casada?, y ella le dijo: no bebé. Tu ves esta mandarina pues hay copos buenos y malos, al igual que los hombres, pero tu un día te llevarás el mejor, pero debes esperar todavía un poco, no te preocupes".

Para mí, Dios insufló en ese niño su Espíritu Santo para enviarle un mensaje de que cumpliría lo que siempre le prometió, un hijo de Dios.

Cuando tuve ese sueño verifiqué su significado con un libro de interpretación de sueños y concluí a la época que quería expresar una muerte, la de Marly, pues estaba muy enferma, y después de ese viaje, comprendí su verdadero significado, esos juguetes negros representaban un cambio en mi vida de 180 grados.

Llegando al aeropuerto de Marsella, Marly me estaba esperando con los niños. No había conseguido ninguna prueba de que había estado con Perla y apenas podía asegurar que había estado en Colombia, a pesar de que el detective pudo verificar que mi nombre figuraba sobre la lista de pasajeros de Madrid a Bogotá, pero eso no significaba que era yo, alguna otra persona podría llamarse igual.

Hubo discusiones y la cosa se quedo ahí. En los días que siguieron la situación se empeoró entre nosotros. Decidí alquilar un apartamento más grande en Gap, una ciudad a unos 76 kilómetros de Pra-loup, para inscribir a mis hijos en un instituto privado de excelente reputación, porque el año anterior mi hijo mayor no lo había pasado bien en su escuela y el nivel no había sido muy bueno.

Había cometido un error, y más tarde me arrepentiría de haberlo hecho, porque apenas una semana después, a principios de octubre, Marly decidió irse a París y dejarme con los niños, con mi trabajo y con muchos gastos que afrontar, me abandonó, fue nuestra separación.

Durante dos meses y medio tuve que hacer el trayecto entre Pra loup y Gap, muchas veces con la nieve en el camino y entre las diez y las doce de la noche, siete días sobre siete, porque me había comprometido con terminar la reforma del hotel antes de que empezara la temporada de esquí.

Estaba deshecho moralmente, necesitaba que por lo menos Marly se ocupara de los niños hasta las vacaciones de navidad y luego se hubiera podido ir. Tuve que afrontar la situación solo, a las duras, tenía demasiado trabajo para mí solo, tenía que ocuparme de los niños, tenía que afrontar la depresión por la que estaba pasando, los gastos de luz, agua, gas, alquiler de Gap, los gastos de el apartamento del Pra loup.....

Pensé que Marly iba a volver rápidamente, que solo era para hacerme reaccionar y reflexionar pero los días, las semanas pasaron. Marly se había llevado el todo terreno que teníamos y yo me quedé con el furgón de trabajo.

Marly me llamó porque necesitaba dinero para pagar la garantía del apartamento que quería alquilar y le firmase el contrato de alquiler, porque a ella sola no querían alquilárselo, pues no tenía ni trabajo, ni dinero y así lo hice.

También tuve que enviarle cheques y pagar el descubierto que estaba haciendo en una cuenta en común, se había llevado mi tarjeta bancaria y conocía mi código secreto.

Volvió a principios de noviembre para recuperar el resto de sus efectos personales y solo se quedó un día o dos. Me enviaba mensajes de texto muy fuertes y como siempre con falta de respeto, lo único que ella conseguía con eso, era de confirmarme que nuestra separación era lo mejor que podía llegarme como siempre lo quise.

Ella pensaba en ese momento que podía conseguir cualquier hombre inmediatamente, porque era una mujer hermosa, pues había adelgazado muchísimo y se inscribió a una página de encuentros para probarme que podía conseguir un hombre más guapo, más bueno y sobre todo con dinero.

Me di cuenta de todo ello porque cuando vino en el mes de noviembre, ella había dejado su teléfono en el coche y cuando me fui a trabajar, pasando delante del vehículo, el móvil sonó a las siete de la mañana, quise abrir la puerta, pues tenía un doble de las llaves, pero ella salió al balcón y empezó a gritarme de no tocar a nada.

Le dije que no había perdido tiempo y ella me contestó que eso no me concernía y yo le respondí que en cuanto llegue a la ciudad de Barcelonnette iba a buscar un abogado para el divorcio y me fui.

A los cinco minutos ella me llamó llorando y me dijo que no lo hiciera que deberíamos reflexionar y que de todas maneras nunca me daría el divorcio, que me haría esperar seis años.

Durante todo el camino debió llamar cinco o seis veces pero yo no contesté más, estaba furioso de la manera que me había hablado y solo pensaba que debía parar de sufrir por ella y de tenerle piedad.

No llegaba a avanzar en el trabajo, cogía de más en más retraso, pensaba en toda la vida que había llevado de casado e incluso no paraba de pensar en suicidarme, todo eso en mente, más el cansancio físico y la falta de sueño, no hacían que empeorar mi estado físico y psicológico.

Creía que quizás estaba haciendo sufrir a mi familia, que todo era mi culpa, no llegaba a reflexionar tranquilamente y empecé a escribir una carta en mi cabeza que quería enviar a toda mi familia, a Marly y a la suya, solo quería pedir perdón por si alguna vez les había ofendido o hecho daño de alguna forma, era una carta de despedida antes de quitarme la vida.

Las llamadas y los correos de Perla era lo único que llegaba a consolarme un poco, ella resentía toda mi tristeza y adivinó mis intenciones. Me dijo:" si haces lo que llevas en mente, lo único que vas a conseguir es hacer sufrir aún más a tus hijos y conforme vayan creciendo estarán afectados psicológicamente por el acto de cobardía de su padre o incluso podrían pensar que eran responsables de ello".

Algunos correos de Perla:

06/08/2010 Perla

Muy buena noche amor mío, te escribo para decirte que te amo, como Dios me ha enseñado, te cuento que mañana viernes 6 de agosto de 2010 iré a un retiro espiritual de tres días, espero me disculpes por si no puedo contestar mi móvil,, ,
tuya, hasta pronto mi vida.

19/10/2010 Perla

Muy buen día mi cielo, hablo con mi Padre Celestial, para que bendiga tu salud, dinero, amor, seguridad, protección, sabiduría, y sabes que tienes el poder de obtener lo que pidas con fe de espíritu, eres un hijo consentido del universo, por ello has resucitado de todo aquello que necesitabas... .
Nene en esta mañana de lluvia Sama está danzando, hay mucho viento ... .
Te amo mi esposito bello, que tus alimentos nutran tus billones de células sanas. Hasta pronto mi rey, gracias por estar a mi lado, tuya por la eternidad.

21/10/2010 Perla

Muñeco tan bonito que eres, con todo lo que me demuestras, ya sabes que todo lo que poseo, es tuyo, y cuando me dices que vas a la agencia de viajes, me da tanta emoción, que parece que mi ser, desborda felicidad de muy buena calidad.

Esta mañana te decía que este nuevo matrimonio te está saliendo muy costoso, ahora pagas dos alquileres, y se te aumentaron los gastos.....me duele que tengas que pasar por todo este aprendizaje....pero a pesar de todo, te siento mucho más fuerte como Sansón...

21/10/2010 Perla

Eres tan suave como una pluma, pero también fuerte como un hielo, te deseo, Papito lindo quiero que duermas bien, para tener buena concentración en tu buena labor y en conducir, ...aliméntate ok, bendigo tu dedito que está lastimadito.... Hasta pronto mi cielo, tuya por la eternidad.

21/10/2010 Perla

¿Cómo estás mi atardecer precioso?, me siento muy bien al ver que ahora agradeces más por todas las perfectas bendiciones que recibes segundo a segundo, son tantas que no alcanzo a enumerarlas, yo también soy muy afortunada con el Capitán de la vida, me puso en el canal a tu ex-esposa y con ello comprobé nuevamente que mi corazón sabe perdonar y amar sincèrement, y eso me hace libre, solo me queda bendecirla en su salud, dinero, amor, comprensión, respeto y que pueda encontrar lo

que anhela con fe.
Hasta pronto mi amor, te adoro por la eternidad.

22/10/2010 Perla

Si amas a Dios, amas la vida,
si te amas, amas la vida,
si amas a tus hijos, amas la vida,
si amas la vida, amas a Dios.

24/10/2010 Perla

Buena tarde mi cielo, son tantas cosas que me brindas que aún vivo elevada en una bella nube de amor, sentirme enamorada me ha dominado, es un sentimiento muy puro, extraño, hermoso, mágico, nunca imagine que alguien me pusiera en estas circunstancias, no sé qué hacer, pensar, solo fluyo como un pedazo de madera en el inmenso mar. Qué tienes tú que has llegado a mi vida, penetrando profundamente mi alma, y con deseos que te quedes allí, por todas las eternidades.
Cómo *puedo respirar si veo lo que haces por nuestro sincero amor, hacer la reserva de tu vuelo, pronunciar tu dulce voz....para colmar de emociones mi ser, poner tu bella imagen real ante mí y bloquear mi aliento.*

Son tantas cosas que no puedo digerir, te amo mi hormiguito Sansón.

24/10/2010 Perla

Dios bendice tu seguridad, sabiduría, protección, amor, salud, dinero, paz y los deseos de fe que tienes en tu corazón.

04/11/2010 Perla

Buena noche mi luz de amor, entiendo que la cruz que estás llevando es muy pesada, pero después la necesitas para pasar encima de ella ,.....ya lo verás por ti mismo, te amo mi cosita preciosa.

05/11/2010 Perla

Muy buen día mi tesorito, sé que estás pasando por mucha tristeza, muchos cambios sentimentales. Dios fortalece tu estado de vida para que el camino que escojas.....te lleve a comprender la felicidad que nos regala nuestro Señor....como premio a la fidelidad de fe y servicio práctico ante el bello mundo. Te amo mi sol, que con tus rayitos de calor enciende el deseo de tenerte por todas las eternidades....tuya , Dios te bendice con todas las maravillas de su Santo Trono...hasta pronto mi amor.

07/11/2010 Perla

Tesoro mío, disculpa que no use tildes, pero este teclado no tiene …. oro y doy gracias a Dios por tu sanación milagrosa especialmente de tu rodilla, ve al especialista y lo que el sugiera lo hacemos, solo piensa en ti y tu bienestar….. conmigo tienes toda mi colaboración y comprensión que necesites….. me encantaría estar a tu lado en este momento, para poder hacer tu labor con tu asesoría y así cuidar de mi bello esposo… Te amo, mi bello y milagroso ser.

28/11/2010 Perla

Muy buena tarde mi muñeco, el más dulce de todo el planeta, anoche te fuiste sin despedirte, me dejaste solita, te amo con todo mi espíritu, me haces mucha, mucha falta, pero sé que pronto estoy definitivamente contigo por todas las eternidades, sirviendo a nuestro Padre Celestial, especialmente entre nosotros, satisfaciéndonos intensamente en todo el sentido de la palabra.
Nenecito, solo te pido la cotización de la portátil sencilla, si está…. en español mejor, o yo se lo instalaré aquí. Papito anoche te mentí, ellos llevan 3 años en enero 2011 los cumplen, pero en esas condiciones, sabía que habías analizado todo, eres muy inteligente en todo, eres admirable amorcito, voy a salir con la Rany al centro comercial, pero estaré en casa a las 3:00 pm mi hora, para poderte escuchar, o chatear con mi esposito, tuya por siempre. Te amo, con todo el corazón.

19/12/2010 Perla

Buena noche mi amor, te felicito por la bella obra que terminas en el hotel, porque lo que tocas con tus manos, se convierte en un arte de exposición, eres el arquitecto de tu propio camino, con la bendición de mi Señor....sabes, ahora me siento verdaderamente en matrimonio, en comunión con mi Padre Celestial, te amo por siempre, tuya.   .

22/12/2010 Perla

Muy buen día mi rey, espero que tus músculos estén listos para relajarse en la manos de Mami, que tu paladar sacie todas las delicias que Dios nos brinda, preparadas por tu esposa, amiga, amante, confidente......te amo, mi corazón está agitado con todo este milagro que mi Señor nos premia, por la espera con gran fe...tuya por siempre.   .

22/12/2010 Perla

Buena tarde mi vida, este es un pequeño saludito, porque mi Papi me ha regañado, solo por estar en las nubes......no es fácil asimilar todo esto tan bello que sucede en mi bella vida, pero espera que llegues a "Sama" te voy a tomar en mis manos y te voy a castigar por lo menos unas dos horas, para que aprendas que de Mami no te burlas....ni te descuides todo lo que te espera jajaja.

Mi amor, ya no puedo ni escribir, este teclado se equivoca mucho....te extraño....te pienso... te amo.....te deseo.
Mañana 23 de diciembre de 2010, te esperaré muy juiciosa en el aeropuerto el Dorado ....estaré en el mismo sitio del 26 de agosto de 2010.

23/12/2010 Perla

Hola Papacito, ya estás volando a Bogotá...bueno, Dios hace su perfecta voluntad en sus hijos consentidos....todo tiene una misión especial para mi Padre Celestial..
te amo mi vida...tuya por siempre.

A cada vez que llegaba a casa y veía mis hijos me alegraba muchísimo y me daban fuerzas para poder continuar, me decía que no podía caer, porque me necesitaban y si les pasaría algo, yo no estaría ahí para protegerlos y ayudarlos.

Tuve un problema de salud, me había salido un bulto en la rodilla izquierda, me dolía tanto que se me bloqueaba y no podía caminar. Fui al médico y me hizo una radiografía y me dijo que me había crecido un hueso de unos ocho milímetros, entonces me hizo una ordenanza para pasar una resonancia y ver un especialista. El médico me decía que una operación no estaba excluida. Yo ya había estado operado de esa rodilla por el mismo motivo a la edad de nueve años, entonces me temía lo peor.

Llamé a Marly para decirle que quizás me tendría que operar y no podría trabajar durante algunas semanas. Ella me contestó que en ese caso me fuera a una casa de reposo si no podía apañármelas solo. Le contesté que muy bien, que no se preocupara por mí pues ya me las arreglaría solo.

Me sentí humillado una vez más, pues cuando estuvo muy enferma, no la abandoné y me ocupé de ella en prioridad, la ayudaba y siempre hice todo lo que pude durante toda mi vida.

Me puse a llorar y sentía un tal rencor que no pude evitar de llamarla para decirle lo que llevaba en mi corazón y se lo dije todo, ella me contestó que me operara en París y que vendría a verme a la casa de reposo.

Esos lugares eran para personas mayores o que estaban solas pues no tenían familia, ni nadie que se ocupara de ellos.

Me despreció y me ignoró después de tantos años juntos y todos los sacrificios que hice para darle lo mejor. Me dije que nunca más le pediría algo, pero que yo no hubiera reaccionado de la misma manera, pues si se tendría que operar yo me ocuparía de ella hasta su restablecimiento.

Algunas otras personas le pagarían con su misma moneda pero yo soy un hijo de Dios y debo actuar según mis convicciones y no esperar nada a cambio.

Marly volvió a principios de diciembre, parecía estar muy segura de ella, en realidad yo sé que lloraba todos los días.

En noviembre había llamado por teléfono a mi suegra para felicitarla para su cumpleaños, y me dijo que si no nos soportábamos el uno al otro, era mejor que cada uno hiciera su vida por su lado y que fuésemos felices, que podía llamarles cuando quisiera.

Al cabo de quince días volví a llamar para felicitar a mi suegro por su cumpleaños, puesto que los cumplían los dos el mismo mes y mi suegra me dijo que no quería volver a saber nunca nada más de mí y colgó.

Marly había contado mentiras a su familia y a nuestras amistades en común, quiso echarme la culpa de nuestra separación, entonces me dije, si ellos no me necesitan yo tampoco los necesito a ellos.

Los sábados me llevaba a mis hijos a Pra loup para pasar el fin de semana, porque trabajaba el domingo también y así me economizaba una ida y vuelta a Gap, y apenas terminaba mi trabajo estaba con ellos y me sentía menos solo.

Por fin terminé la reforma del hotel, Marly me pidió de prestarle mi furgón para llevarse toda la mercancía restante, los muebles y todos los electrodomésticos que acababa de comprar nuevos, ni siquiera me preguntó si quería algo, simplemente se llevó todo, no hubo ningún reparto. Yo solo me quedé con las deudas y los pagos.

Me estuvo reclamando la venta del estudio pero yo me negué, porque quería que a cambio de todo lo que se llevó, me diera su parte del apartamento, pues representaba siete o ocho veces más lo que tomó, y ella me amenazó que en ese caso, ella guardaría la casa de España que yo había construido y pagado, pero cometí el error de dejarme convencer a la época de poner el terreno a su nombre, entonces le dije que si intentaba algo nos veríamos en el tribunal y haríamos cuentas reales, sin contar que sin pedirme mi autorización se fue a Cullera con dos amigos que había conocido por Internet, y se cargó todos los muebles de más valor, pretendiendo que había hecho un reparto justo y en el cual mis hijos no estaban de acuerdo con ella, pensaron que había abusado demasiado.

También me amenazó que si no vendía rápidamente me reclamaría la mitad de un alquiler. Ella lo único que buscaba era dinero a todo precio, porque me imagino, que quería probarme a mí y a los suyos, de que era muy capaz, todo era puro orgullo y yo no estaba dispuesto a lapidar lo que construí en 28 años y medio, pues quería preservar los bienes para mis hijos en el futuro y tampoco quería que ella se encontrará solo en alquiler, que no pudiera pagar y así podía venirse a vivir al estudio en caso de dificultades, tendría un techo donde vivir.

Tampoco mis hijos estaban de acuerdo en la venta del apartamento porque pensaban que lo único que iba a hacer es gastarse el dinero y nada más. Marly les había prometido que encontraría trabajo y muy bien remunerado antes de finales de noviembre, les prometía muchas cosas pero no cumplía nada.

Ella había contado a toda su familia que yo sin ella me iba arruinar y terminaría debajo de un puente y también que debía comer solo pastas y arroz, pero con el tiempo se dio cuenta que yo cocinaba y comía variado y equilibrado y también me iban las cosas muy bien.

Al principio ella no quería nada de mí, después de unos meses que le diera lo que pudiese y al final me reclamaba una pensión mensual.

Yo estuve dándole mucho más de lo que un tribunal le hubiera acordado por los niños, sin contar la ropa que les compraba o el dinero de bolsillo que les daba o la comida que llevaba cuando iba a rendirles visita.

Dejé que Marly se llevará los niños, no me sentía bien en mi cabeza y pensé que era lo mejor para ellos, pero con el tiempo me di cuenta que cometí un nueva equivocación, porque ella no era capaz de ocuparse de ellos, solo pensaba en encontrar un hombre por Internet y tomó varias decenas de citas con ellos, haciendo desfilar delante de mis hijos, en casa, alguno que otro, unos como amigos otros como novios.

Dejó a mis hijos abandonados a su suerte, nunca estaba presente, ellos se tenían que cocinar, entraba muy tarde o no entraba ni siquiera a dormir, se tenían que planchar la ropa a veces ellos mismos, había mucho desorden en los armarios, la ropa olía la humedad.

Cuando venía a verlos debía ir a dormir al hotel, más tarde me permitió dormir con ellos para que no gastar dinero inútil. Mi hijo pequeño se dio cuenta que yo estaba consciente del problema y me dijo:" papá si previenes una asistente social, no te hablaré nunca más, yo solo tengo doce años pero soy tres veces más maduro que mi madre."

Oír esas palabras de mi hijo me hizo llorar. Me confesaron que preferían venir a vivir conmigo, pero su madre los tenía bajo la amenaza de quitarse la vida o de irse y no volverlos a ver.

Durante meses, intentó poner a mis hijos contra mí, además me enviaba mensajes muy crueles intentando hacerme culpable de la situación, pero en ningún momento se hizo una auto crítica, a pesar de que yo lo intenté y le dije que aquí el único culpable era ella.

Los niños se iban dando cuenta de más en más quien era su madre realmente y comprendían porqué a veces yo me comporté con ellos duramente, pagando las consecuencias de como ella me trataba, pero con el tiempo vieron que yo me calmaba de más en más y veían el verdadero papá que yo era, atento, complaciéndoles en todo, a su escucha, queriendo pasar más tiempo con ellos, me preocupaba por todo lo que les pasaba y hacía todo lo que estaba en mis manos para hacerles placer.

Mi único deseo era de recuperar a mis hijos, no para hacer daño a

Marly ,si no porque yo podía aportarles una vida más equilibrada y estable, mucho más amor y acompañarles para hacer estudios universitarios. Entonces cogí un abogado para entamar mi divorcio solicitando la custodia de los niños y un reparto equitativo de todos los bienes en común.

En diciembre cuando Marly se fué con los niños, yo tomé un vuelo para Bogotá para estar con Perla, había adelgazado 22 kilos en apenas dos meses y medio, estaba agotado y con problemas musculares porque me había entregado demasiado a mi trabajo.

Perla estuvo ocupándose de mí haciéndome masajes para recuperar mis músculos, era una verdadera experta y eso me hacía sentirme mejor físicamente y moralmente, sus cuidados eran cotidianos, me trataba como a un rey.

Me regaló un gabán y una chaqueta de piel echa sobre medida, una cartera y unos guantes. Me demostraba todos los días el amor que me tenía, lloraba cuando me veía triste y rezaba mucho por mí.

Estaba tan afligido que no paraba de pensar en la separación con mis hijos, el más pequeño me había preguntado de pasar las navidades juntos, estaba muy triste como me lo confirmó mi amigo que ayudó a Marly para la mudanza.

También fue testigo de lo que le dijo mi suegro a su hija: " que vas a inventar todavía de Jhon, nunca encontrarás un hombre tan trabajador y dedicado a su familia, ahora son todos perezosos, interesados,.....".

Me imagino que su familia empezaba a interrogarse sobre los argumentos que ella les daba, porque me conocían y no podían creer todo lo que les contaba, puesto que conocían también el carácter de Marly.

Miré sobre Internet para ver las vacaciones escolares en febrero y como mi tristeza aumentaba porque no me escribían, y Marly no paraba de decirme en sus correos que había perdido mis hijos, mi familia, que ellos ya no querían volverme a ver, entonces decidí viajar antes de lo previsto, porque quería pasar las vacaciones con ellos.

Pagué un suplemento por adelantar mi vuelo y me fui a París.

Algunos mensajes de perla hasta mi regreso:

11/02/2011 Perla

Mi bebé precioso muy buen día para ti, ánimo ten fe firme en nuestro Padre Celestial, él sabe ubicar perfectamente tu destino... ten paciencia con ella, comparte mucho con tus nenes, recuerda que ya son dos hombres, entienden más de lo que crees como padre.
Mi amorcito te extraño mucho, ya el aire no es el mismo, el amanecer ya no es tibio, la luz es opaca, el silencio es tenue.

Las estrellas se durmieron... en fin cielo, me ha dado muy fuerte tu partida, pero comprendo la necesidad de estar con tu familia. Te amo con mi alma....hasta pronto mi hormiguito Sansón, tuya por toda la eternidad.

12/02/2011 Perla

Mi nene bendecido, oro mucho para que puedas compartir con tu familia en paz y armonía y que viajen a tu palacio, sé que los tres mosqueteros la pasan muy chèvere.
Si supieras todo lo que te extraño, me gusta prepararte buenos alimentos, pero me agrada más el ver como los disfrutas, ¿recuerdas tu carnecita en salsita?, tu maíz asado, tu pan, tus pastas, los frijoles, lentejitas...
Que bello eres, pareces de fantasía. Te amo como mi Dios me ha enseñado, hasta pronto mi sol de rayos de pureza y amor. Te amo, te extraño, te quiero, te pienso,te...

13/02/2011 Perla

Que dulce es recordar los bellos momentos.

14/02/2011 Perla

Mi bebe precioso hoy día de los enamorados, deseo decirte que gracias por llenar tu corazón de verdadero amor hacia el mundo, es lo que nuestro Señor nos dejó como herencia eterna, para practicarlo ante todo ser que tenga energía propia.

Te amo más, y de eso puedes estar seguro, sìiii, quiero estar donde tu estés, porque mi amor ante ti es infinito, más 30 vueltas, si es la voluntad de mi Padre Celestial,

Extraño todo en ti, tu aroma, tu sabor, tu aliento, tu respiración, los abrazos, tus besotes, tus besitos, tus caricias, tus caricias salvajes, dile..... que necesito de su fortaleza y grandeza y poder....ohhh.

Te amo, tu esposa por la eternidad... hasta pronto....

No sé si te pueda ver hoy 14..... debo ir al hospital temprano y en la tarde estaré en la clínica y quiero tener tranquilidad respecto al indio..

Cuando llegue a nuestra Sama serán las 2:00 am para ti y estarás dormidito, pero llegaré pronto a leer tus mensajitos de verdadero amor, besos.

17/02/2011 Perla

Muy buen día mi nene, como estamos, que tal el viaje, chévere. Mi amor puedes traer tu gabán, la otra chaqueta es chica, no te preocupes, si traes traje, uno solo está bien, trata de hacer todas las importantes diligences.
Muñeco, la soledad también es parte del aprendizaje, donde puedes analizar tranquilamente tus decisiones, Dios siempre te esta guiando, déjale tu destino a EL, confía en fe firme. Papito, me dices sobre tu viaje a Sama, ya conseguí el dinero, mi

Padre Celestial me ayudo, es más lindo.....te amo con todo coraje, tuya por siempre...saludas a la hermanita, le compras huevos y los colocas en la casita...a tu hermanito le pones los llaveros en la casita.
Bueno tesoro te extraño muchisimo......¡auxilioooo!.

19/02/2011 Perla

Amor como el mío es único, porque mi Señor me ha heredado tan millonaria fortuna...ya te envié tu regalo en busca del verdadero amor, te amo mi sol precioso, cumplí con todos tus requisitos, tuya por siempre....debes turrones.

20/02/2011 Perla

Buena noche mi amor lindo, que bueno que te gustó el regalito con el itinerario requerido por Papi, así no esperas tanto de avión en avión, de Valencia a Madrid, solo puedes llevar una maleta de 23 kilos, porque tu aerolínea es muy complicada, de Madrid a Bogotá, puedes traer dos maletas de 20 kilos cada una. El cambio de horario de los tiquetes tiene un multa de 120 euros, más cambios ajustables, que rico tenerte en mis brazos, para amarte con todo el respeto que Dios me ha donado, te extraño, te pienso mi esposo maravillosote, te deseo, te amo, me derrites.

20/02/2011 Perla

Mi amorcito, mi Papi, buena noche, espero que disfrutes a lo máximo toda tu familia, especialmente tu sobrinita, la hijita de tu hermana.
Te extraño mi sol, estoy haciendo todos los deberes de aseo con Sama, y aun no termino, tengo un super invitado el próximo 24 de febrero de 2011 y deseo que se sienta super bien, te amo, y necesito de la luz de tus ojos puros y sinceros que envuelven mi alma, para luchar por el servicio de mi Señor, te amo. Hasta pronto mi ángel.

21/02/2011 Perla

Buena noche mi bebé, estoy organizando todo para que te sientas a gusto en tu casa, tranquilo, recuerda que es tu vivienda y puedes disfrutar de ella.
Amor si puedes me compras un pincel especial para pintar las rejas que pegan a los cristales, aunque sé que no existen, no es cuestión de la brocha, sino que el metal está muy pegado al vidrio.
Te amo amor, te veo el próximo 24 de febrero de 2011, mañana llamo al señor del taxi, para que llegues cómodo a Sama, hasta pronto mi cielo.
Algo que quería decirte, no te puedo comparar con ningún galán, ni de cine, ni televisión, porque tu sobrepasas toda belleza, tanto física como mental y espiritual, no existe alguien que te iguale, hasta pronto mi amor, te deseo.

22/02/2011 Perla

Feliz día mi amor, quiero que sepas que de hoy en adelante, tu vida es tratada como lo que tu eres , mi rey, y tienes todas mis mejores atenciones. Tuya por siempre, te amo.

22/02/2011 Perla

Mi gran amor, en algunas ocasiones debemos ser sordos, a cosas que ofenden sin realidad, lo que dicen los demás no siempre es real, son personas equivocadas justificando su equivocación....ánimo mi bebé, el poderoso está siempre contigo, te amo cielo, aquí tienes tu crema y cepillo de dientes, solo trae lo necesario.

Marly vino a recogerme al aeropuerto, yo venía vestido muy elegante con mi gabán negro, un pantalón vaquero, unas botas, guantes negros en piel y lo único que supo decirme fue: " se nota que has cambiado de estilo porque has cambiado de mujer".

Luego saliendo del aeropuerto nos paramos a cenar en un restaurante de comida rápida, era un poco tarde. Durante el camino tuvimos una fuerte discusión en el coche, que estuvo a punto de provocar un accidente, puesto que un vehículo nos seguía de muy cerca y Marly frenó secamente para detenerse y decirme de salir en mitad del campo, yo le contesté dame las llaves porque el coche es mío, está a mi nombre y te bajas tú.

Ella continuo a decirme te voy a dejar en el hotel, no te quiero volver a ver. Mientras pasaba todo eso, el conductor del otro vehículo se puso a nuestra altura y empezó a gritar y como de costumbre Marly se comportó agresiva con él y a insultarlo fuertemente, entonces se puso también muy violento y yo le dije que era mejor que lo dejase estar, pues tenía su número de matrícula.

 El señor pareció dejarnos, pero yo sospeché que intentaría cerrarnos el paso en algún lugar en la ciudad. Marly empezó a meterse por unas calles para evitarlo y yo le dije que no era una buena solución porque él aparecería al otro extremo, pero no me escuchó y así fue, ese hombre le salió como deduje, pero no se atrevió a ponerse delante del vehículo porque vio que era un todo terreno muy imponente y el iba con un pequeño vehículo por lo cual Marly lo hubiera podido aplastar muy fácilmente en caso de intento de agresión, solo hubo un intercambio de insultos pero finalmente cedió, estaba solo y no estaba seguro de poder afrontarme.

Marly me llevó al hotel y unos minutos más tarde, ella vino con mis hijos, cuando los vi los abracé y les dije que los amaba y los dos me dijeron que parecía a..... como en la película, solo me faltaba las gafas.

Me quedé dos o tres días porque mis hijos iban a pasar las vacaciones con sus primos, los llevé al restaurante y al cine. El día que me fui Marly me acompañó a la estación de trenes y estando estacionado me dijo: " Jhon tu sabes que te quiero, me lo he pasado llorando desde que me fui, no comprendo nada, parece una pesadilla,........".

Yo le contesté:" si me amaras tanto como lo dices, no me hubieras criticado como lo has hecho, no te hubieras precipitado a encontrar un hombre, me hubieras respetado desde el principio, no intentarías poner a mis hijos contra mí,........... ahora es demasiado tarde".

Me quité el anillo de plata que me había regalado para remplazar mi anillo de boda que se había quedado pequeño y se lo puse en el coche, cogí mis maletas y me fui.

Llegué a Pra loup y me quedé dos o tres días, encontré a mi amigo que me dijo: "cuando vi a tu suegro le dije que si yo fuese el marido de su hija o bien la hubiera matado o bien no hubiera durado ni tres meses el matrimonio. Al principio tuve dudas sobre ti, pero como conozco ahora bien vuestra historia y os conozco bien a los dos, puede decirte que te mereces una gran copa.

Tu hijo pequeño estuvo muy triste de que su papá no estuviera en navidades con él, pero debes pensar en ti, en tu felicidad y si con Perla eres feliz debes quedarte con ella".

Algunos de mis clientes con los que empecé a tener una cierta confianza me dijeron que se enteraron de mi separación y me apoyaron mucho más de lo que pensé porque me dijeron que Marly no tenía una buena reputación en el valle, pues conocían su fuerte carácter. Eso me dio fuerzas, me subió la moral.

Como era invierno y no tenía trabajo decidí irme unos días a Cullera, no quería encontrarme solo, necesitaba tener la compañía de mi familia para que me apoyara en esos momentos tan difíciles por los que estaba pasando, entonces cogí mi furgón y me fui.

Una vez allí, pregunté a mi hermana si podía quedarme en su apartamento pues me hacía compañía y podíamos hablar, era una forma de terapia para mí y eso me ayudó muchísimo, pues si hubiese ido a mi casa, me hubiera traído demasiados recuerdos y hecho sufrir más.

Perla me llamó para decirme que hacía en Cullera y me propuso de volver con ella a Colombia, le dije que no tenía dinero para pagarme el viaje, entonces ella me dijo que me pagaría el billete de ida y vuelta, pues me extrañaba mucho y se encontraba triste sin mí.

Acepté y reservó el avión. Solo me quedé unos 15 días en España, pero me hicieron bien, pues estuve con toda mi familia y me apoyaron. Sentía una gran necesidad de no estar solo, que mi curación de la depresión por la que estaba atravesando, pasaba por una apertura a los demás y así lo hice.

El 24 de febrero despegué para Bogotá por unas cinco semanas, de nuevo estaba con ella. A cada vez que viajaba y pasaba tiempo con Perla, nuestra relación se fortalecía, me gustaba salir y compartir cosas con ella, eso me hacía amarla de más en más. Nunca ella me decepcionaba en nada, al contrario, su escucha, su consejo, su voz, su manera de ser y todo el amor que me daba, me decían que era la mujer que yo necesitaba para al fin ser feliz. Tenía la impresión que Dios me la había moldeado para mí.

El 31 de marzo debía regresar a Cullera y dejé otro mensaje en el cuaderno de Perla que decía:

"¡Perla mi amor!, me voy con el alma partida por tener que separarme de ti una vez más. Resiento la gran tristeza que siente tu corazón de este nuevo alejamiento y el miedo que hay en ti de no volvernos a ver nunca jamás. Sé que tu amor por mí es inmenso y que tu fidelidad, comprensión y apoyo son sin condiciones. Es por ello que veo en ti un ser de luz, un ser grandioso y generoso.

Haber compartido todo ese tiempo contigo me ha enseñado lo que es vivir en paz, en armonía, han sido momentos de felicidad.

Yo no sé lo que Dios nos reserva, quizás sí, un tis, pero quiero decirte que te amo, que siempre te pensé, te pienso y te pensaré.

Hasta pronto mi gran amor si Dios quiere. Besos de tu esposo

Jhon".

Me quedé cinco o seis días en Cullera y de allí viajé hacía París para asistir al cumpleaños de mi hijo pequeño, sus doce años.

Dormí en su apartamento pero volví a tener una fuerte discusión con Marly a causa de la venta del estudio, ella necesitaba dinero, trabajaba mal y quería coger un comercio con un apartamento encima, pero yo seguía negándome, necesitaba ese piso para vivir, era un mínimo después de tantos años de sacrificio. Me entregué a ella completamente, lo compartí todo, le di todo lo que pude.

Pasé ese aniversario con ellos, les compré ropa y salimos un poco, al cine, al restaurante,..... Fui feliz.

Regresé a Pra loup, me quedaba muy poco dinero y tenía que pagar algunas cosas, gracias a Dios, el señor de la agencia inmobiliaria con el cual trabajaba regularmente me dijo que había firmado un remiendo y una vez empezado ya no paré de trabajar hasta el final del año.

Más mensajes de Perla y de Jhon:

05/04/2011 Perla

Mi Papi lindo, me imagino que estás durmiendo profundamente, del cansancio que obtiene mi hormiguito, que nunca para de trabajar y trabajar..

Nene, sé que lo que me dijiste fue una vidente que te informó esas cosas, los chismosos nunca comunican tanto, al mismo tiempo, ¿y preciso cuando estás en España?.

Además ellos no tienen porqué decirte lo del hospital, qué clase de mujer soy en definitiva, sé que tu hermanito te pone a dudar en muchas cosas, pero él lo hace porque te ama, y no cree que hay personas diferentes en este planeta. El piensa que solo soy así mientras te conquisto, y después me vuelvo como una mujer del común.

Amor, no importa si vas donde personas supuestamente videntes, lo importante es que no te exploten financieramente y ya....pues amor, no me gusta contradecir a nadie teóricamente, solo me demuestro tal como soy en práctica, y que cada cual tome el concepto que deseé.

En cambio los chismosos sólo me dicen muy pocas cosas, además no entiendo, hoy a la madrugada me han dicho: " eres escogida porque eres la séptima hija, del día 7".

Me levanté inmediatamente y me puse a sumar:

1. Amparo...
2. Victor....
3. Gerardo...
4. Aranda....
5. Jerónimo...
6. Felicia...
7. Perla....
8. Agustín....
9. Luciana....

05+30+1970= 2005= 7

¿y eso qué significa, escogida para qué?

Soy la hija 7, nacida del 7...no entiendo nada, me dije le diré a mi Papito lindo, para descifrar los jeroglíficos, nunca me dicen para mí nada claro..
Igual sea lo que sea, todo lo que llegue a mí de mi Señor, lo tomo con mucho amor para mi crecimiento espiritual..
Hoy te sentí muy seguro de todo......y me gusta... dale tiempo a los nenes que maduren y ver que siempre te aman, lo que sucede es que están en una edad, muy deportiva, solo quieren jugar y jugar...después solo quieren coquetear...coquetear y así sucesivamente...
De tu libro, sabes que eres un escritor excelente
De tu disco, sabes que eres un cantante exitoso.
Dios te da el don de artista...disfrutalo.
De tus dos hijos vívelos, en cada etapa..
Ama a tu familia y amigos tal como son...yo los amo a todos, sean como sean, en mi cultura aprendí a aceptar al ser viviente como es, así que no te preocupes , me adapto fácilmente a todos...hasta a Pepe, que no le gusta la agua de panela....jajajj.
Mi tarea es solo amar.......y la tuya también....siempre debes buscar a tus hijos para amarlos, así ellos no te correspondan de tu misma forma.
No te juzgo, por ir donde tus chismosos terrenales......solo que aquí son unos grandes estafadores, y no les creo.... te sacan información y la acomodan a la necesidad del afectado, he

conocido muchas historias que salen en los noticieros. Igual me lleno de mucha más fe, con todo lo que me dices, especialmente que soy una excelente mamá, ipi ipi ipi. Bueno mi sol, voy a Sama a escuchar las conversaciones de mi bebé, te amo mi rey, tuya por siempre.

15/04/2011 Perla

Mi esposo, mi Papi, mi bebé, buena tarde para ti, deseo que empecemos de cero en todo, sabes que cuentas conmigo para que cantemos la mejor letra, que Dios ha compuesto para los bellos triunfos de los dos, te amo, hasta pronto.

19/04/2011 Perla

Buena tarde para ti y los tuyos mi vida....hoy quiero que bailes conmigo....y como los pájaros desde temprano empiezan a cantar lelelrrooor...
Papito, hablé con mi Señor, y cuando tenga el contrato para Pra loup, organizo todo para mi viaje al amor.
Nene quiero estar para el matrimonio de tu prima, me gustaría saber cómo es allá, en España.
¿Amor ya reclamaste los resultados de tus, exámenes?....aliméntate bien...me tienes paciencia cuando me llames.....recuerda que están escuchando todo, te amo.

20/04/11 Perla

Papi dancemos juntos, como las palmeras lo hacen con el roce del viento....te amo.

25/04/2011 Jhon

Mami debes hacer mucho cuidado en la oficina, es posible que este indio haya puesto un micrófono o una cámara para espiarte, quizás exagero, pero su comportamiento no deja nada bueno que esperar y tiene los medios de hacerlo, quizás busque una falta grave para despedirte o chantajearte.
No creo que lo haga, pero nunca se sabe, haz mucho cuidado, te amo.

25/04/2011 Perla

Pues mi sol, no me importa que ponga todo un sistema de investigación, no debo nada a nadie, y todo lo que hago es lícito, así que por ese lado puedes estar totalmente tranquilo, no tiene nada con que chantajearme, soy una mujer totalmente transparente, mira lo que investigó Marly, y solo encontró una pequeña y humilde Perla.

14/05/2011 Jhon

¡Hola mi vida!, ¡eres un sol en mi vida!, ¡eres mi mejor sueño!,

¡eres mi mejor esperanza!, ¡eres mi mejor manta!, ¡eres la mejor caricia!, ¡eres el mejor beso!, ¡eres pura ternura!, eres el mejor consejo!, ¡eres la mejor compañía!, ¡eres mi mejor pensamiento!, ¡mi mejor poema!, ¡eres mi dignidad!, y ¡eres mi gran amor!. Te Amo.

14/05/2011 Jhon

¡Mi hermosa Perla!, cada día que pasa me doy cuenta lo afortunado que soy de ser amado por un ser tan excepcional y espiritual como lo eres tú. Dios me bendijo contigo, lo más perfecto, lo más generoso, lo más comprensivo, lo que más me apoya , lo que más me da luz para no tropezar en el camino, lo que más me enseña, lo que me hace ver la vida más armoniosa, más feliz, más libre, la que más me hace apreciar las cosas que tenemos, la que....en fin con solo una palabra que resume todo....Amor con un gran A, eso y mucho más eres tu mi vida, mi adorable y tierna esposa. ¡Te amo!.

14/05/2011 Jhon

 Mami te amo con toda mi alma. Gracias por estar ahí para sostenerme en estos momentos tan difíciles de mi vida. Esposa mía te amo, tuyo por siempre.

Volví a parís en el mes de junio para ver a mis hijos y sacándolos a pasear junto con su madre en un centro comercial, Marly no paraba de hacerme insinuaciones y yo le dije: " ¿ qué pasa, has encontrado a alguien?".

Ella con una sonrisa sarcástica me contestó: " si he encontrado a alguien, nos vamos a ir de vacaciones juntos con los niños y después nos vamos a ir a vivir con él, en el mes de agosto. Tiene un negocio, una casa muy grande, que vale mucho dinero y que tiene unos dos mil metros de terreno. Una vidente me dijo el nombre del hombre que encontraría y me describió la casa que corresponde exactamente a lo que me dijo".

Yo me alegré de la noticia porque por lo menos mis hijos estarían viviendo en buenas condiciones pero resentí al mismo tiempo que algo no iba en todo eso. Les pregunté a mis hijos si estaban contentos y me dijeron que era muy buena persona y tenía tres hijos, un niño de 15 años, una hija de 17 o 18 años y una niña de unos seis años.

Lo único que le dije a Marly fue que venía de liberarme por completo, que eso me hacía más libre. Ella me miró sorprendida porque esperaba otra reacción de mí, me imagino que esperaba ver si mostraba signos de celos, pero una vez más se equivocó.

A principios de julio se fueron de vacaciones con él. Marly aprovechaba para hacer los mercados por la mañana puesto que no tenía dinero y pensó que trabajaría bien. Yo le había prevenido que no creía que pudiese trabajar porque había mucha concurrencia y los precios eran bajos.

Antes de finales de mes la llamé porque tenía ganas que mis hijos pasaran unos días conmigo a Pra loup, ella no quería porque decía que los necesitaba para ayudarla en los mercados y yo me enfadé y le dije que me dijera donde se encontraban para que yo viniera a buscarlos. Finalmente aceptó, me dio la dirección y pude ir.

Los niños estaban contentos de que su padre viniera por ellos, tenían ganas también de ver a sus amigos. Les compraba todo lo que querían para comer y ellos me confesaron que conmigo comían mejor, cosa que yo sabía.

El pequeño me dijo que había reflexionado muy bien y prefería vivir conmigo pero si no lo hacía, era porque tenía miedo que su madre cometiera un acto irreparable. El mayor también me dijo lo mismo, ellos querían estar aquí pues era una vida mucho más tranquila y con ella estaban siempre bajo presión y les hablaba muy mal, les insultaba, los rebajaba,....

Había ido a buscarlos un martes y el domingo por la noche Marly se presentó en el apartamento para buscar a los niños. Acabábamos justo de empezar a cenar y ella se mostraba muy impaciente por irse, pretextando que él estaba enfermo y esperaba a fuera.

Ellos no querían irse, querían quedarse hasta que yo subiera a París porque había previsto coger un avión para ir con Perla.

Finalmente ella insistió que por lo menos el mayor viniese, Marly estaba extraña, yo la sentía muy contrariada, le propuse de compartir nuestra rica cena que les había preparado pero ella dijo que ya había cenado.

Yo le pregunté si pasaba algo, ella me dijo que no había trabajado y que ya me contaría otro día. Como la vi tan mal le hice un cheque de mil euros y ella me dijo gracias y empezó a llorar. El mayor una vez cenado preparó su maleta y se fueron.

Al día siguiente llamé por la noche para saber si habían llegado bien pero nadie contestó.

Por la mañana volví a llamar y hablé con ella, Marly me confesó que su novio le dijo que ya no quería seguir con la relación.

Le había hecho dar el pre aviso para dejar el apartamento y se iba a encontrar en la calle. Ella dijo que no era su culpa, que ella no había hecho nada para ello, que la culpa era de su hija de seis años que no quería de ella, pues dormía con su padre todas las noches y él prefería escuchar los deseos de su hija.

Yo empecé a preocuparme mucho porque me dije como iba a hacer para encontrar otro apartamento, pero finalmente él le firmó para que le alquilaran un piso y le ayudó para que se instalara. Ese señor se comportó como una persona responsable.

Ella no estaba enamorada de él, pero me dijo que era un buen hombre, un poco depresivo.

Marly estuvo fanfarroneándome con esa nueva relación pero le duro muy poco y se volvía a encontrar sola, ninguna relación le duraba.

Al cabo de unos días cuando terminé todos mis remiendos subí a París con mi hijo, me quedé un solo día y Marly me acompañó al aeropuerto al día siguiente.

Una vez allí, ella quiso comprar un medicamento para la depresión para su ex-novio, pues habían guardado una buena relación de amistad, pero continuaba haciéndome comentarios sarcásticos como: "¿ tu crees que iba quedarme monja?, ¡tuve otro novio que me decía que era su preferida!".

Yo no le preguntaba ninguna explicación, pero intentaba volverme celoso. La verdad es que Marly estaba muy depresiva pero no quería reconocerlo y yo sentía mucha piedad por ella, de ver cómo era tan infeliz porque no llegaba a vivir por ella misma, sin mi ayuda y la ayuda de los demás. Ella que tanto había contado a todos que era gracias a ella que teníamos todo.

Ella siempre había volado con mis alas, yo fui quien le cumplía sus sueños, quien hacía que todo era posible, pero se le acabó.

Una vez más estaba con Perla por un mes, no paraba de comparar mi relación con ella y con Marly, era el día y la noche. Con mi ex-mujer le realizaba sus deseos, haciendo como si yo no existiera y con Perla era ella, que me empujaba a existir por mí mismo, sintiéndome libre y a cumplir todo aquello que había deseado y que me hacía feliz.

Perla me decía que yo debía pensar primero en mí y luego hacer lo que pudiera por los demás, pero sin sacrificarme porque cada individuo tenía que tener su propia enseñanza que la vida le aportaba e incluso por mis hijos, porque ellos sabrían defenderse, que aprenderían también, que tendrían altos y bajos, que lo único que podíamos hacer es de amarlos, apoyarlos pero dejarles volar por ellos mismos.

En la presencia de Perla el tiempo pasaba volando, los segundos, los minutos, las horas, los días, las semanas. Perla me decía: "me gustaría paralizar el tiempo para saborear esos instantes tan privilegiados de estar contigo".

El día de mi regreso para Francia, le volví a dejar otro mensaje en su cuaderno que decía:

" Mi amor, mi gran amor, hoy es un día triste para los dos, lo único que nos consuela es que solo es un hasta luego, si Dios quiere.

Te pido perdón si te herí en algo, mis heridas todavía están abiertas y no siempre es fácil llevarlo todo. El tiempo las hará cicatrizar y con ello sentirme mejor.

Mi amor, mi gran amor, te llevo en mi corazón y tus palabras, tus actos y tus miradas recorren cada una de mis células y una enorme tristeza me invade y me hacen que nazcan lágrimas en mis ojos.

El dolor es grande, pero la esperanza debe ser mayor para poder superar una vez más nuestra separación.

Te amo, tu esposo Jhon".

Marly fue a buscarme al aeropuerto con mi coche nuevo que le había dejado en custodia. Conducía muy mal, estaba como alocada en su comportamiento. Le dije que debería de apretar menos el acelerador pues superaba la velocidad autorizada, pero ella se reía, yo no la reconocía puesto que ella siempre había sido muy prudente y respetaba el código de circulación. Había cambiado mucho, no era la mujer que yo había conocido.

Me di cuenta también que había utilizado mucho mi vehículo porque en el contador aparecían casi seis mil kilómetros más de los que tenía cuando me fui un mes antes. Le dije que estaba enfadado con ella, que me había hecho mucho trayecto con mi auto y que tenía un préstamo para pagarlo, que no lo compré para que ella lo disfrutara sobre mi espalda y que ahora había perdido más valor.

Ella continuaba a faltarme el respeto, se acostumbró a que se lo diera todo y encontraba normal lo que había hecho, abusaba de mi confianza.

En el mes de octubre subí a París para estar presente al

cumpleaños de mi hijo mayor, cuando llegué a su casa y entré, vi los muebles de España que había cogido, no dije nada pero me dolió, me sentí robado y humillado, pero al mismo tiempo pensé que mis hijos se sentirían mejor que con los muebles que tenían antes, que Marly regaló o vendió, aunque ella me dijo que los había echado a la basura, pero yo sabía que me mentía.

Ella se había levantado a las seis de la mañana para ir al mercado a trabajar, quería que yo la acompañara porque no se encontraba muy bien, y yo le pregunté cuanto pensaba hacer como cifra y ella me dijo como mucho cien euros si tengo suerte, entonces le hice un cheque de cien euros y le dije de acostarse otra vez, ella se rió y me dio las gracias y se acostó.

Por la mañana nos levantamos muy tarde, entonces les invité a comer en un restaurante de comida rápida. Apenas subidos en el coche mi hijo mayor y Marly empezaron a insultarse, a tratarse mal, ella se me quejó de que le pegaba a causa de los juegos por Internet.

Yo les suplicaba a los dos de parar y de intentar pasarlo bien el tiempo que yo estaba con ellos.

Cuando llegamos al restaurante todavía no habían parado de pelearse. Nos bajamos del vehículo y Marly gritaba delante de la gente dónde se encontraban los aparcamientos.

Entramos en el interior del establecimiento y no paraban, entonces ella aprovechó de mi presencia para darle una bofetada, todo el mundo nos miraba observando el espectáculo que ella estaba dando.

Les dije vayámonos de aquí porque me das vergüenza con tu comportamiento y una vez fuera le dijo al niño que en cuanto entráramos en casa cogiera sus cosas y se fuera porque no quería volverlo a ver.

Yo le dije a mi hijo que no se preocupara porque podía venirse a vivir conmigo.

Marly empezó a delirar, continuo diciendo que no la merecíamos, que se iba a comprar un velero y se iba a ir para hacer la vuelta al mundo, que nos apañáramos los tres porque no la volveríamos a ver nunca más.

Yo intenté poner paz y los llevé a otro restaurante, comimos y fuimos al cine.

Al día siguiente era el cumpleaños, salimos los cuatro. Por la mañana todo se paso muy bien pero por la tarde, de nuevo una discusión muy fuerte entre ella y yo estalló, porque no paraba de pedirme que vendiera el estudio y darle la mitad del dinero.

Yo le contesté que ya le había dado mucho y que el piso yo lo guardaba. Empezó a hablarme del pasado, siempre con lo mismo.

Nos calmamos y celebramos el cumpleaños. Al amanecer volvió a buscar la discusión, le hice otro cheque y me fui.

Había previsto irme en enero del 2012 por tres meses con Perla y sabía que mis hijos querían pasar las navidades conmigo.

Quería estar tranquilo con ellos en su casa pero como tenía una semana disponible antes del 24 de diciembre, entonces les pregunté donde les gustaría ir, ellos no sabían lo que querían, les propuse de ir dos días a Futuroscope en Poitier y después cuatro días a Londres con el coche y atravesando con el Eurotunel pues no lo conocían.

Me llevé a Marly porque sabía que ella no podía pagarse ningún viaje y además estaba cansada y no tenía buena salud.

El primer día de entrada al parque temático, ella no tenía zapatos adecuados para andar, entonces la llevé a una zapatería y le compré dos pares de botas y tres pares de medias.

El mayor se hirió un pie saltando en una atracción, le dolía mucho y eso no le permitió disfrutarlo correctamente.

Había reservado dos noches de hotel con desayuno continental y dos días al parque, una noche de hotel al lado del Eurotunel, una ida y vuelta de tren con el coche y tres noches de hotel con desayuno continental a Londres.

Aprovechamos para visitar la ciudad desplazándonos con el metro y hicimos algunas compras. Compré algunos regalos para Perla y un abrigo a Marly porque tenía frío.

El hotel estaba muy bien y sobre todo estaba bien situado.

En el camino de vuelta de Londres a el Eurotunel, me discutí de nuevo con ella, mis hijos estaban de acuerdo conmigo y estando sobre la autopista a una velocidad de unos 120 kilómetros por hora, Marly intentó tirarse del coche, poniéndonos en peligro a todos porque tuve que cogerla y conducir al mismo tiempo, gracias que mi hijo mayor también la sujetó para impedir un desastre.

No era la primera vez que me hacía eso, me lo hizo decenas de veces.

Llegamos a su casa y pasaron unos días tranquilos, pero una mañana le tuve que hacer un reproche, entonces mientras yo lavaba el suelo del apartamento, ella se aprovechó para coger mis maletas y efectos personales y me los tiró por las escaleras.

Una vez más me humilló, recogí mis cosas y cuando llegué al coche volví la cabeza porque mis hijos me llamaban por una ventana muy tristes y despidiéndose de mí.

Pasé dos noches en un hotel pero venía a buscarlos después de la escuela para estar con ellos.

Al día siguiente de mi segunda noche de hotel, me fui a un centro comercial para comprar un desayuno .

Durante el trayecto estuve pensando sobre todo lo que había

pasado y llorando, le pedí a Dios el porqué tenía que sufrir de esa manera, el porqué tanto orgullo de su parte, hablando de mi ex.

Apenas paré el motor en el aparcamiento, el teléfono sonó, era Marly, estaba llorando, quería saber donde estaba pues quería hablar conmigo, me decía que si yo estaba buscando su muerte, y que sería responsable.. Yo le dije donde me encontraba y me dijo que llegaría en una media hora.

Marly llegó, se bajó del coche utilitario que su ex novio le prestaba para hacer el mercado y se subió en mi vehículo, empezó a llorar y me dijo que pasó al organismo de ayuda familiar y le habían dicho que ellos no tenían ningún papel para poder darles las ayudas económicas que tenía derecho, que ella había enviado esos papeles por correo y que seguramente no le quedaba ningún rastro en su casa pero tampoco podía pretender a las ayudas de retraso que no había pedido a tiempo.

Estaba desesperada porque no tenía dinero, me dijo que necesitaba vender mi todo terreno para pagar sus deudas, el alquiler de retraso, la electricidad, el agua,...y poder comprar un vehículo de ocasión para trabajar y poder devolverle su utilitario a su ex, pues lo necesitaba.

El coche estaba a mi nombre, y le dije: " no debería firmarte después de todo lo que me has hecho, pero lo voy a hacer".

Ella se puso a llorar por mis palabras, era muy duro para Marly rebajarse a mí, pero no tenía ninguna otra solución. También hubiera podido pedir a sus padres pero les debía ya tres mil euros o pedir a su familia, pero no se atrevía con todo lo que había contado sobre nosotros, que era gracias a ella que teníamos todo.

Ella sabía que yo nunca la dejaría en una mala posición, que podría contar siempre conmigo.

Le dije que si no llegaba a salirse sola en la vida, entonces no había cincuenta soluciones o bien se venía a vivir a Pra loup en el estudio y yo alquilaba un apartamento con los niños o bien ella se iba con los niños en el apartamento y yo vivía en el estudio, pero para cualquiera de las soluciones yo correría con todos los gastos, porque debía comprender que yo también necesitaba tener a mis hijos a mi lado.

También le dije que tenía que firmarme el divorcio, un divorcio de mutuo acuerdo porque de lo contrario íbamos a sufrir todos.

Marly dijo de contactar mi abogado para que se pusiera de acuerdo con ella y me firmaría el divorcio.

Yo no sé lo que va a suceder en el tiempo a venir, lo que sí sé es que me encuentro en Colombia por tres meses, ahora estoy con Perla, en espera de que mi divorcio sea pronunciado y si es la voluntad de mi Señor, seguir el camino que me ha trazado.

Para principios de abril estaré en el cumpleaños de mi hijo menor.

Debo ocuparme de Marly, siempre y cuando me respete, pues es con la mujer que compartí 28 años de mi vida y es la madre de mis dos hijos.

Solo quiero decirles que a veces la vida da a cada uno lo que se merece, la dejé en manos de Dios y le pedí, en el momento en el que me sentía lo peor, que me diera lo mejor para mí, porque estaba para servirle.

Vivan con el corazón por delante, vívanla con amor.

Reflexiones:

Cuando miramos en el mundo en que vivimos y que vemos lo que hemos hecho, el espectáculo es desolador, constatamos que nuestro egoísmo, avaricia, vanidad, envidia, han provocado la guerra, la contaminación del aire, de la tierra, del agua, la desaparición de ciertas especies, nuevas enfermedades y pronto, quizás, nuestra propia desaparición.

El hombre, un ser superior por su morfología y su inteligencia, no ha sabido preservar el equilibrio de la herencia recibida, por la cual hemos sido designados.

¿Es demasiado tarde?, ¿ tenemos tiempo para hacer marcha atrás y encontrar el equilibrio necesario para nuestra existencia en el futuro?.

Creo que tenemos una pequeña esperanza, pero para que ello sea posible, debemos cambiar radicalmente nuestra manera de ser y de comportarnos, abandonar todo confort y privilegios inútiles que no son necesarios para nuestra supervivencia. Tenemos que hacer economías, no debemos derrochar lo que es irreemplazable como el agua, ni toda clase de energía, preservemos la naturaleza porque sin ella el hombre desaparece al mismo tiempo.

Abandonemos todo aquello que contamina o que es perjudicial para nuestra salud, solamente un aire de solidaridad y de amor a nivel mundial puede salvarnos.

Hace dos mil años un hombre vino a enseñarnos el camino que debíamos seguir, que vino para hablarnos de amor y en lugar de escucharlo lo mataron porque tenían miedo que perturbará un cierto orden que otros habían establecido, por egoísmo, por vanidad, por su confort, por el poder.... y desde entonces, hemos continuado a aplicar el mismo sistema.

¿ Cuándo vamos a tomar conciencia y hacer solamente lo que es importante en la vida, de lo que es realmente primordial?,

¿ cuándo los hombres van a ponerse al servicio de los unos con los otros, en lugar de creer que somos los unos superiores a los otros?, ¿ cuándo viviremos en armonía con este bello planeta que es la tierra?.

¿ Jamás?, ¿ porqué la gente se encierra en ellos mismos?. Yo creo que es porque la gente tiene miedo del otro y eso provoca esta situación.

Tal vez es lo que algunos llaman el diablo, que encadena nuestra alma, es nuestro lado oscuro, es el lado negativo del hombre que impide y que encierra nuestro espíritu utilizando los medios como la lujuria y lo que llamamos los pecados capitales.

Tengamos voluntad de abrir nuestro espíritu y crear las cimentaciones sólidas que nos permitan llenar nuestro interior y no nuestro exterior. Esta apertura podrá permitirnos de liberarnos y cumplir cosas sorprendentes, que hasta el día de hoy, son todavía un misterio para nosotros.

Miedos

Cuando en verano 2009 pensé haber perdido a Perla escribí lo siguiente:

"Una angustia invade todo mi ser, una angustia permanente que no me quita. Se me hace un nudo en el estómago y otro en la garganta que me ahoga y que no me deja casi respirar, las lágrimas salen de mis ojos recorriendo mis mejillas hasta llegar a mis labios.

Yo sé que mi línea de la vida es corta y que pronto voy a dejar de existir, pero no quiero morir de accidente, ni de enfermedad, yo quiero irme por amor, al igual que Jesucristo murió en la cruz por nosotros, yo moriré sacrificando mi felicidad para que nadie sufra más a causa de mí.

Qué muerte más bonita me espera, eso me llena de gozo y recorre todo mi cuerpo mientras mis ojos continúan llorando de alegría, porque habré seguido el camino de Dios.

Que mi Señor me perdone porque pronto dejaré de alimentarme. Estoy cansado de luchar, ya no tengo ilusión, ya no tengo esperanza, ya no me quedan sueños, mis fuerzas me han abandonado.

Os pido perdón a todos, a toda mi sangre, a toda mi familia, a todos mis amigos.

A los tres o cuatro años vi un ángel y a los cuarenta y seis perdí mi ser de luz, mi paz, mi, tranquilidad.

Mi cuerpo está vacío, sin corazón, sin alma, pues lo regalé y un cuerpo sin su esencial está sin su esencia, está sin vida.

Os recordaré desde el mas allá si Dios quiere de mí."

Antes de conocer a Perla escribí el dos de enero del dos mil ocho lo siguiente cuando en mi interior había una lucha sobre la vida y en conflicto con mi familia:

"Acabo de encender un incienso, el olor penetra en mí hasta lo más profundo de mi ser.

Mis pensamientos se liberan, me siento en paz y al mismo tiempo estoy triste porque aunque un nuevo año comienza, el acabado deja en mí huellas que marcan para el resto de la vida por las cosas que se han hecho, que no se han hecho, por lo que se ha dicho y por lo que se han dejado por decir.

El balance no es muy positivo pero trabajamos para que lo sea, en lo material y en lo sentimental.

Estoy muy triste por el desgarramiento de mi familia, la decepción de una y otra vez, ha sido el estandarte de estos últimos tiempos.

El egoísmo corrompe el ser humano como un virus que va matando lo que es sano y se convierte en malo, hasta en mortal.

He dejado un poco de orgullo esta mañana y he enviado un mensaje de texto a mi prima hermana que espero, que apaciguará, aunque no solucionará en nada, porque el malestar es profundo puesto que el alma y el corazón están doloridos y mismo heridos.

Cuantas veces me he dicho: "hecho una cruz sobre el pasado y haré como si no hubiera pasado nada", pero a cada vez hay una nueva picadura de escorpión que me impide ponerlo en práctica.

¿Hemos venido a este mundo solo para sufrir?, es lo que empiezo a creer, aunque a veces haya momentos de felicidad siempre los hay más de tormentos, responsabilidades y sufrimientos.

El mundo no deja de recordartelo todos los días, damos importancia a las cosas que no la tienen y a las cosas que si lo tienen, las ignoramos, así va el mundo.

¿Seremos capaces de ganar la batalla al diablo o nos resignaremos a la fatalidad?.

Yo tengo ganas de luchar, no tengo ganas de resignarme, soy un rebelde en mi alma, en mi cuerpo y en mis pensamientos. Por intentarlo que no quede, porque tengo ganas de creer en la luz.

El hombre en vez de escuchar tropieza siempre en la misma piedra, desde Adan y Eva hasta nuestros días.

El maligno ha ganado batallas pero no ganará la guerra.

Dios está en todas partes

No digáis más que no hay amor en este mundo porque es falso. Solo sabéis mirar con vuestros ojos de carne y aunque veáis miles de maravillas con ellos, estáis ciegos, no veis el amor si no tenéis fe.

El amor esta en el aire que respiráis, en la luz, en el agua, en la tierra,.....Dios está en todas partes, EL es puro amor y el amor es vida.

DIOS = AMOR = VIDA

Si no sois capaces de ver el amor que os rodea con los ojos de carne, intentar mirar con los ojos del alma y si llegáis a mirar con ellos entonces sentiréis el amor en todo lo que existe, veréis a Dios y a toda su obra.

Amad a cada instante de vuestra existencia y amad todo aquello que os rodea.

La finalidad de vuestra vida es la armonía y la comunión de la carne con el espíritu del Señor, es el encuentro con Dios.

Epílogo

Las enseñanzas muchas veces las aprendemos con el dolor, con el sufrimiento por orgullo. La sabiduría está en aquellos que saben reconocer sus errores y se corrigen. No es suficiente amar a otra persona para guardarla, si le imponemos nuestra voluntad y acabamos con sus sueños, la rebajamos, la humillamos e incluso la insultamos, solo podremos esperar un rechazo, una huida, un alejamiento porque todos aspiramos a lo mejor, aspiramos a la felicidad y a un apoyo de las personas que amamos.

Una cosa es dar consejo y otra es arrebatar las ilusiones, porque no queremos que el otro sea superior en conocimiento o que tenga dones que uno no pueda poseer, y sentirse inferior por vanidad.

El que realmente ama debe respetar al amado y al que ama, sostenerlos en sus proyectos porque nunca nadie sabe cuando nuestra vida pueda dar un giro de 180 grados.

Hay que buscar hacer aquello que nos apasiona porque si no lo intentamos siempre nos reprocharemos de no haberlo hecho.

No abandonéis nunca vuestras ambiciones y os sacrifiquéis por el ser amado, porque el otro os diga que no tenéis la capacidad o es ridículo o son fantasías.

El que os ama debe hacerlo con libertad, con respeto y con apoyo, si no es así entonces debéis preguntaros si es la persona que os conviene.

La vida es corta para desperdiciarla, buscad siempre todo aquello que os vuelva feliz, lo que les dé satisfacción.

Las personas que os den mala energía hay que evitarlas porque son celosas, orgullosas, envidiosas y no debemos traerlas a nuestras vidas porque son de mal agüero, de mala suerte.

Nunca hablad mal de nadie, ser positivos, nunca perder la esperanza, luchad hasta el final porque, como me decía mi madre, de los cobardes nunca se ha escrito historia.

Dar siempre lo mejor de vosotros, haced el bien sin pensar a quien se lo hacéis.

Todo lo conseguiréis con fe y con amor.

JuanJosé Martinez Ponce

www.ingramcontent.com/pod-product-compliance
Lightning Source LLC
Chambersburg PA
CBHW050131170426
43197CB00011B/1788